차문화 코드 ②

# 사진으로 보는
# 중국의 차

박홍관 지음

형설 eLife

# 머리말

　'사진으로 보는 중국의 차'는 형설출판사에서 발행된, 일명 '중국차도감'으로 더 많이 알려진 책이다. 대부분 차 산지를 방문하여 그 지역의 정확한 품종을 확인한 뒤, 구입하고 원색을 살리기 위해서 슬라이드 필름으로 작업을 해 왔다. 슬라이드 원색 분해는 2016년까지 진행되었다. 2017년부터는 2차 개정을 준비해 오면서, 고화소의 디지털 사진으로 기존 사진을 교체하거나 보완하고 두 가지, 세 가지 사진을 제공하여 중국차의 이해를 돕게 하였다. 예를 들면 황차의 경우 2004년 당시에는 중국 차 산지에서 민황을 약하게 하여 녹차같은 색을 띠게 하였다. 그런데 요즘에는 전통 방식의 민황을 거친 차들이 생산되고 있다. 그래서 이런 경우 초기 민황을 약하게 한 차와 전통 방식의 민황을 거친 차, 두 가지를 제시하였다.

　이 책은 2006년 출간하여 문화관광부 교양 도서로 선정되고, 2011년 개정까지 5쇄를 찍었다. 2022년 두 번째 개정을 하면서, 형설EMJ에서 출간하게 되었다. 개정판이 나온 이후로도 지속적인 차 연구에 매진하면서 가장 많이 다닌 곳은 절강성, 복건성, 운남성이다. 그간의 더욱 깊은 내용을 확인하고 현시대에 맞게 수정 보완하였다.

　중국의 차는 하루가 다르게 변화되고 있음을 현지답사를 통해 매번 방문할 때마다 바뀌어가고 있다. 맹해의 차생산 중심은 이미 다른 곳으로 이동하고 있고, 생차에서 숙차로 제작과 음용의 방향이 바뀌는 지역도 있다. 더구나 작은 군소차창들은 연구와 개발을 통해

차산지와 협력을 하고 이제는 지역에 따른 찻잎 구분이 소용이 없을 정도가 되어 가고 있다. 특히 보이차 시장에서는 한국인의 활동이 많아 지면서 예전에 접근이 어려운 정보들이 하나씩 밝혀지고 더 좋은 품종의 차를 찾아 나서는 일들이 생기면서 차의 규범이 되는 사진 작업을 할 수 있게 되었다. 이 책의 특징 가운데 첫 번째는 차 사진 하나하나가 품종이 정확한 것이기에 중국차 사전과 같은 역할을 할 수 있다. 두 번째는 차를 우려마시는데 필요한 자사호에 대한 부분인데, 자사호를 이해하는데 큰 도움이 되는 것으로 그동안 많은 독자로부터 평가받은 내용이다. 세 번째는 현장의 필담으로 차 생산지나 유통시장에서 경험한 내용이다.

　보이차와 백차는 눈에 뜨이는 변화가 보이고 있고, 앞으로도 더욱 많은 변화가 예상되기에 터닝포인트라고 할 수 있는 2010년대 초반의 사실과 그에 대한 차류들을 정리하는 입장에서 증보의 내용에 함입시키고자 한다. 아마도 이후에 이번에 증보되는 〈사진으로 보는 중국의 차〉내용을 발판으로 삼아 또 다른 변화가 보여질 것이며 그에 따른 억측이나 추측이 아닌 중국차 현장과 변화에 대한 선본(善本)이 되기를 희망한다.

2022년 9월 박홍관

# 목차

### PART Ⅰ. 중국차 / 008
Ⅰ. 중국의 茶와 산지 / 010
Ⅱ. 가공방법이나 발효 정도에 따른 중국차의 분류 / 013
Ⅲ. 중국차에 이름을 붙이는 법 / 015
Ⅳ. 중국 찻잎의 외형 용어 / 016

### PART Ⅱ 녹차 / 018

| | | |
|---|---|---|
| 강산녹모란 / 020 | 개화용정 / 022 | 경산차 / 024 |
| 경정록설 / 026 | 계평서산차 /028 | 고교은봉 / 030 |
| 고장모첨 / 032 | 고저자순 033 | 금산취아 / 034 |
| 남경우화차 / 036 | 노죽대방 / 038 | 둔록 / 041 |
| 도균모첨 / 042 | 말리용주 / 044 | 말리화차 / 045 |
| 몽정감로 / 046 | 무석호차 / 048 | 벽라춘 / 049 |
| 보이생차(병차) / 052 | 보이생차(산차) / 054 | 복건녹아 / 056 |
| 서성난화 / 058 | 석순취아 / 060 | 선은공차 / 061 |
| 수창향차 / 062 | 송양은후 / 063 | 수공예차 / 064 |
| 신양모첨 / 070 | 쌍정록 / 071 | 안길백차 / 072 |

안탕모봉 / 074    안화송침 / 075    여산운무 / 076
관장모첨 / 077    오자선호 / 078    용계화청 / 080
용정군체종 / 082  43호龍井 / 084   용정차(서호용정) / 086
육안과편 / 088    은시옥로 / 090    임해반호 / 092
자양모첨 / 094    자연차 / 096      자조차 / 098
죽엽청 / 100      중경타차 / 102    협주벽봉 / 103
차운산모첨 / 104  천강휘백 / 106    청성설아 / 108
태평후괴 / 110    태평후첨 / 113    화산은호 / 114
화산취아 / 116    황산녹보란 / 118  황산모봉 / 120

### PART III 백차 / 122
백모란 / 124      백호은침 / 126    수미 / 129

### PART IV. 청차 / 130
대우령 / 132      대홍포 / 134      동정오룡 / 136
모해 / 138        목책철관음 / 140  무이수선 / 142
문산포종차 / 144  반천요 / 146      벽계관 / 148

| | | |
|---|---|---|
| 백호오룡(동방미인) / 150 | 본산 / 152 | 봉황단총 / 154 |
| 사계춘고산차 / 162 | 수금귀 / 164 | 아리산오룡 / 166 |
| 안계철관음 / 168 | 안계황금계 / 170 | 영춘불수 / 172 |
| 육계 / 174 | 철라한 / 176 | 장편수선 / 178 |

## PART V. 홍차 / 180

| | | |
|---|---|---|
| 금준미 / 182 | 기문홍차 / 183 | 의흥홍차 / 184 |
| 운남고수 홍차 / 186 | 일월담홍차 / 188 | 운남전홍 / 190 |
| 정산소종 / 192 | | |

## PART VI. 황차 / 194

| | | |
|---|---|---|
| 곽산황대차 / 196 | 곽산황아 / 198 | 군산은침 / 200 |
| 몽정황아 / 201 | | |

## PART VII. 흑차 / 204

| | | |
|---|---|---|
| 공첨 / 206 | 보이숙차(병차) / 207 | 보이숙차(산차) / 208 |
| 보이차고 / 209 | 복전차 / 210 | 상첨차 / 212 |
| 육안차 / 213 | 육보차 / 214 | 천량차 / 218 |
| 천첨 / 220 | 청전 / 222 | 흑전차 / 223 |

## PART VIII. 중국차를 우리는 차도구 / 224

Ⅰ. 다기(茶器) 종류 / 226
Ⅱ. 도구와 차 내는 법 / 240
Ⅲ. 자사호의 세계 / 253

## PART IX. 중국차, 현장의 필담 / 268

한국인은 당신들이 처음입니다 / 270
홍차, 그 전설의 고향 / 274
기문홍차의 위조공정에서의 손맛 / 278

천량차(千兩茶)를 만들며 바로 내일을 보지 않는다 / 280
천량차의 원조, 백량차(百兩茶) / 284
황산지역에서 용정차를 만들다 / 286
육안과편의 고차수 신(神) 茶 / 290
육안과편의 초홍과 복홍 / 292
오룡차의 위조, 전통과 현대 / 296
유명한 茶만 명차가 아니다 / 298
차 상인의 비장품 / 300
삼천차를 담은 대나무 바구니 / 302
디지털 시대의 육감 / 303
600년 된 고차수 봉황단총(鳳凰單欉) / 304
화교(客家)의 자본으로 차 생산지 개발 / 306
보이차(普耳茶)의 연대 / 308
차밭은 그 자체가 산업공단이다 / 314
이제 茶는 자존심이다 / 316
반가운 미소 / 318
긴압차 / 319
차의 보존은 연구자료이다 / 320
희망의 차밭, 태평후괴(太平猴魁) / 322
도시에서 느낄 수 없는 맛 / 324
화원 속에서 자라는 茶나무 / 326
대홍포는 옛날의 대홍포가 아니다 / 328
넉 잔에 담긴 無我 / 330
중국 다예표연 감상기 / 334
차를 품평하는 사람 / 338
보이차 공장에서 대접한 봉황단총 / 340
문화예술인들이 모이는 차관 / 341
보이차와 함께 마신 진년 귤피 차 / 342
에필로그 / 344

중국차의 산지와 분포범위는 명대(明代)에서 청대(淸代)로 넘어오면서 크게 확장되어 현재까지 이어지고 있는데 주로 현재 차가 생산되는 지역마다 차구의 분포와 생산되는 차의 특성이 다르게 나타나므로 크게 네 지역의 차구로 나누어 구분하고 있으며 명차의 산지는 시대별로 차이를 보이기도 하지만 특별히 산지와 생산의 변화가 크지 않아 따로 마련하지 않았다.

# Ⅰ 중국차

Ⅰ. 중국의 茶와 산지
Ⅱ. 가공방법이나 발효 정도에 따른 중국차의 분류
Ⅲ. 중국차에 이름을 붙이는 법
Ⅳ. 중국 찻잎의 외형 용어

모해차밭 ▶

# Ⅰ. 중국의 茶와 산지

중국차의 산지 분포범위와 규모는 북위 18~38도, 동경 94~122의 범위 내에 분포하고 있다. 명대(明代)에서 청대(淸代)로 넘어오면서 크게 확장되어 현재까지 이어지고 있는데 주로 현재 차가 생산되는 지역마다 차구의 분포와 생산되는 차의 특성이 다르게 나타나므로 크게 네 지역의 차구로 나누어 구분하고 있으며 명차의 산지는 시대별로 차이를 보이기도 하지만 특별히 산지와 생산의 변화가 크지 않아 따로 마련하지 않았다.[1]

## 1. 강북차구(江北茶區)

중국의 차 생산지로서는 가장 북쪽에 위치하고 있다. 감숙성(甘他馥) 남부, 섬서성(陝西省) 남부, 호북성(湖北省) 북부, 하남성(河南省) 남부, 안휘성(安徽省) 북부, 강소성(江蘇省) 북부, 산동성(山東省) 동남부 등이며, 겨울은 기온이 낮고 여름과 가을은 고온다습하기 때문에 주로 봄에 차가 만들어진다. 관목형(灌木型)의 중엽종과 소엽종이 많다.

## 2. 강남차구(江南茶區)

중국에서 차의 주요한 생산지로서 광동성(廣東省) 북부, 복건성(福建省) 중북부, 호남성(湖南省), 절강성(浙江省), 강서성(江西省), 호북성(湖北省) 남부 등에서 녹차, 홍차, 청차, 백차, 흑차, 화차 등 다양한 종류의 차가 만들어지고 있으며, 차의 생산량이 전국 총생산량의 2/3를 차지하고 있다. 관목형의 중엽종과 소엽종이 많지만, 소교목형(小喬木型)의 중엽종과 대엽종도 있다.

## 3. 서남차구(西南茶區)

중구 서남부에 위치하며 가장 오래 전부터 차가 생산되고 있었던 지역이다. 귀주성(貴州省), 중경(重慶), 사천성(四川省), 운남성(雲南省) 중북부, 티베트 자치구 동북부를 포함한다. 기후

---

1) 예를 들면, 당(唐)에서는 차의 재배가 거의 없었던 복건이 송(宋)에 들어가자 주요한 고형차(宮廷의 公茶인 團茶를 포함)의 산지가 되고 명(明)과 청(淸)에서는 양질의 오룡차와 산차를 제작하는 것으로 알려지게 되었다.

조건이 차나무의 생장에 적합하기 때문에 차의 종류가 많고 홍차, 녹차, 흑차, 화차가 만들어지고 있다. 관목형과 소교목형 외에도 교목형도 재배되고 있다.

## 4. 화남차구(華南茶區)

열대에서 아열대 기후가 나타나는 곳으로 복건성(福建省) 중남부, 대만(臺灣), 광동성(廣東省) 중남부, 해남(海南), 운남성(雲南省) 남부를 포함한다. 교목형 혹은 소교목형의 대엽종 차나무가 모여있다.

　근대에는 제다의 종류도 증가하고 이에 동반하여 복건이나 광동, 대만의 오룡차, 안휘의 홍차, 사천이나 운남의 긴압차, 절강, 호남, 호북, 하남, 강소 각 성의 녹차 등과 같이 각 산지의 특색도 명확해진 편이다. 이 가운데는 한 종류의 차만 만들고 있는 곳도 있으며, 안휘성과 같이 녹차, 홍차, 황차 등 몇 종류나 되는 이름 있는 명차를 세상에 내어 놓는 곳도 있다. 이것은 주로 제다의 전통과 기후에 의한 것으로, 즉 환경이 다름에 따라 품종이 달라지기 때문인데 홍차 제조에 적합한 茶의 수종(樹種)이 반드시 녹차에도 적합하다고 할 수 없기 때문이다. 특히 대엽종과 소엽종 이외의 많은 품종이 판명되고 난 뒤에는 이들 품종의 특징을 살린 차를 생산하게 되었다.

　차나무 품종의 분포는 기후와 관련이 있기 때문에 현재의 차 산지를 기후에 의해서 구분하기도 한다. 북부 차 산지(온대지역), 중부 차 산지(아열대지역), 남부 차 산지(열대~아열대지역)의 세 가지로 나눌 수 있다. 이렇게 나누는 법은 대체로 각각 녹차나 오룡차, 홍차 등의 주요한 산지와도 겹쳐져 있다. 북부 차 산지에는 사천의 북부, 섬서의 남부, 호북의 북부, 하남의 남부, 안휘의 북부, 강소, 산동반도 남부의 각 지역이 포함된다. 중부 차 산지는 운남의 북부, 사천의 중부와 남부, 귀주(貴州)의 북부, 호북의 남부, 안휘의 남부, 복건의 북부, 호남, 강서, 절강 등의 거대한 지역에 걸쳐있다. 남부 차 산지는 운남의 중부와 남부, 귀주의 남부, 복건의 남부, 광동, 광서와 대만으로 이루어져 있다.[2]

---

2) 〈차와 차 산지〉 참조

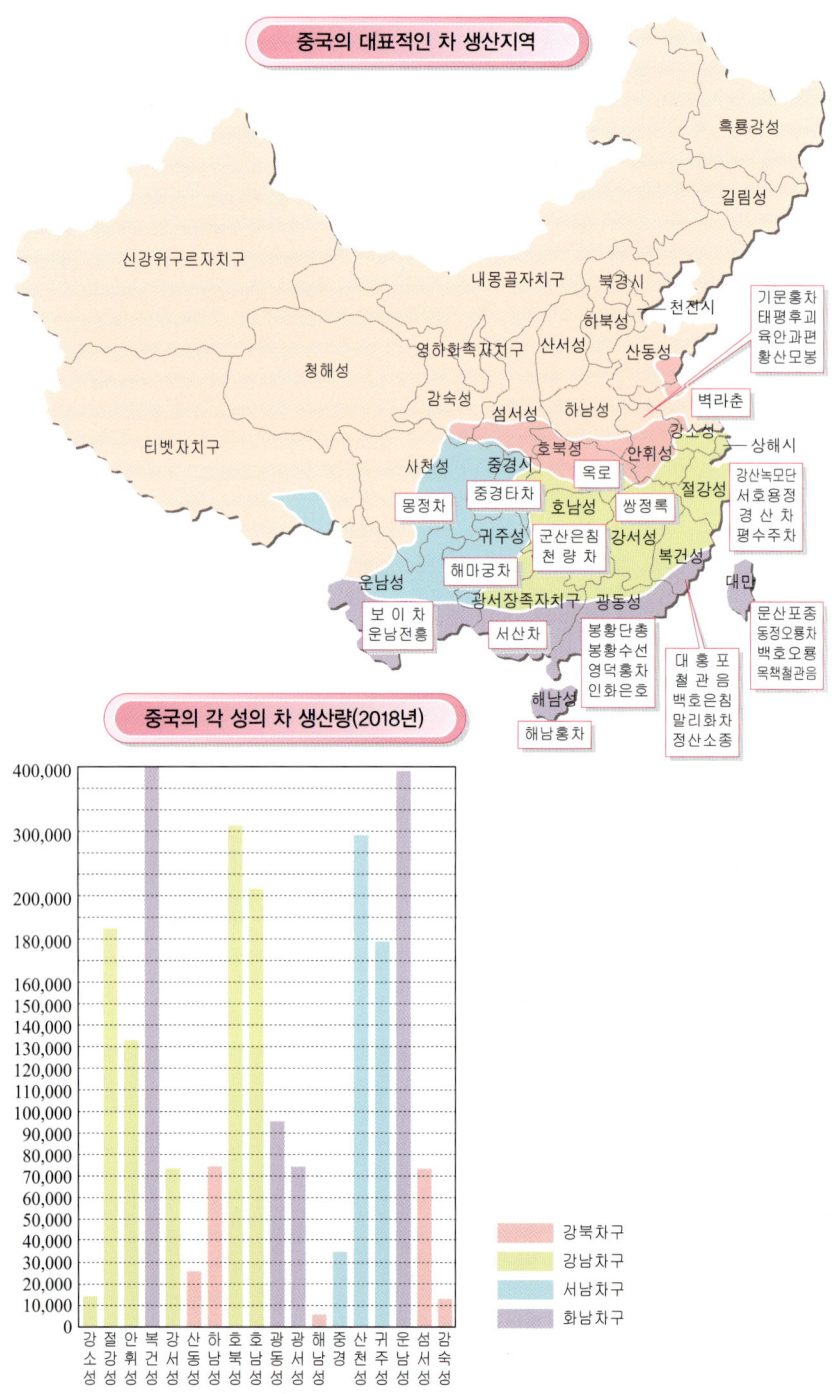

## Ⅱ. 가공방법이나 발효 정도에 따른 중국차의 분류

찻잎을 따 놓으면 찻잎에 포함된 산화효소에 의한 발효[3]가 진행된다. 발효를 정지시킨다든지, 촉진시키는 공정을 거쳐 갖가지 차가 만들어진다. 발효 정도에 따라 차를 분류하면 다음과 같다.

| 분류 | 다류 | 대표적인 차 | 발효 정도 |
| --- | --- | --- | --- |
| 불발효차 | 녹차 | 용정 | 5% 이하 |
| 경발효차 | 백차 | 백호은침 | 10% 이하 |
| 약후발효차 | 황차 | 군산은침 | 15~20% |
| 반발효차 | 청차 | 철관음 | 30~70% |
| 완전발효차 | 홍차 | 운남전흥 | 85% |
| 후발효차 | 흑차 | 보이차 | 95% 이하 |

차를 분류할 때는 크게 상기와 같이 6대 다류로 나누고 2차 가공차로서는 흑모차나 쇄청녹차 등을 증기로 쪄서 긴압하여 만든 긴압차(緊壓茶)[4], 화차(花茶)[5], 공예차(工藝茶)가 있다.

중국에서 차의 종류나 생산량이 가장 많은 것은 녹차이며 생산량의 60%를 점하고 있다. 흑차는 15.5%이며, 홍차는 11.2% 한국에도 잘 알려진 오룡차는 10.7%이다. 백차와 황차의 생산량은 합해서 2.5%가 된다. (자료출처: 중국차엽유통협회, 2021년)

---

[3] 발효(醱酵, fermentation) : 발효라는 것은 미생물의 효소에 의한 물질대사(物質代謝)이다. 청차나 홍차 등의 발효과정에 있어서 미생물의 개입은 없지만, 습관적으로 발효라고 불려지고 있다.
[4] 긴압차(緊壓茶) : 잎차(散茶)를 증기로 압축 재가공하여 일정한 형태로 만들어 낸 차이다. 사용하는 원료에 따라서 녹차 긴압차, 오룡차 긴압차, 홍차 긴압차, 흑차 긴압차로 나누어지며 현재 가장 많이 생산되는 차는 흑차 긴압차이다.
[5] 화차(花茶) : 찻잎에 꽃향기를 음화(窨花)하여 만든 차이다. 오늘날에는 국화차, 장미차 등과 같이 꽃 자체를 우려 마시는 것까지도 화차라고 한다.

## 6대 다류 탕색

녹차(용정차)

백차(백호은침)

청차(동정오룡차)

홍차(기문홍차)

황차(군산은침)

흑차(육보차)

# III. 중국차에 이름을 붙이는 법

중국에서는 명차(名茶)라고 불려지는 것으로도 수백 종류가 있다. 이들의 이름을 붙이는 법을 보면 다음과 같다.

## 1. 형태(形態)를 보고

| | |
|---|---|
| 참새의 혀(舌)를 닮은 것 | → 작설(雀舌) |
| 眉(눈썹)을 닮은 것 | → 미차(眉茶), 수미(秀眉) |
| 침(針)과 같은 모양 | → 백호은침(白毫銀針) |
| 구불구불한 모양(卷曲형 또는 소라형) | → 벽라춘(碧螺春) |

## 2. 생산지와 형태

절강성 항주의 '서호용정(西湖龍井)'
안휘성 황산의 '황산모봉(黃山毛峰)'
강소성 무석의 '무석호차(无錫毫茶)'

## 3. 품종(品種)

기란(奇蘭), 대홍포(大紅袍), 모해(毛蟹), 백계관(白鷄冠), 백모단(白牡丹), 본산(本山)

## 4. 생산지와 차나무 품종

무이수선(武夷水仙), 서호용정(西湖龍井), 안계철관음(安溪鐵觀音) 등

## 5. 찻잎을 따는 시기와 계절

명전차(明前茶) : 청명절(淸明節), 4월 5일 이전에 딴다.
우전차(雨前茶) : 곡우차(穀雨茶), 4월 20일 이전에 딴다.

봄차(春茶) : 4~5월에 딴다.
여름차(夏茶) : 6~7월에 딴다.
가을차(秋茶) : 8~10월에 딴다.
겨울차(冬茶) : 11~12월에 딴다.

　지방에 따라서 수확의 시기가 약간 다르다. 녹차로서 제일 질이 좋은 것은 명전차, 우전차 등 봄(春)차이다. 잎이 살찌고 부드럽고 향이 있고 맛이 진하다. 여름(夏)차는 쓰고 떫은맛이 있다. 가을(秋)차는 일반적으로 잎이 엷고 가볍고 맛이 약간 엷지만 향이 뛰어나므로 철관음은 가을차를 상품(上品)으로 친다. 홍차는 여름차가 좋다. 겨울차(冬茶)는 일부 지역에서 만들어지고 있다.


## Ⅳ. 중국 찻잎의 외형 용어

과립형(顆粒刑) : 단단하고 둥글게 말려 있는 형태를 하고 있다. 용계화청 등이 있다.
권곡형(卷曲刑) : 가늘면서 나선이나 고리 모양의 굴곡으로 말렸다. 벽라춘 등이 있다.
편평(扁平)과 편형(片形) : 편평형은 찻잎이 납작하거나 넓으면서 평탄한 형으로 용정차 등, 편형은 하나의 찻잎이 한 조각을 이룬 차로서 육안과편 등이 있다.
침형(針形) : 싹(單芽)을 채취 가공하여 단면이 둥글고 곧은 형태, 단단하며 가늘고 길면서 곧은(細圓挺直) 형태의 차이다. 남경우화차, 안화송침, 설수운록, 천도은침, 취산은호 등이 있다.
난화형(蘭花形) : 싹과 잎이 연결되어 꽃봉오리와 비슷하고 싹과 잎의 끝부분은 약간 팽팽하게 감기고 흩어져 보이며 아래로 구부러진 것이 산중의 난초와 비슷하다.
조형(條型) : 나뭇가지 모양을 닮은 것이다.

## 찻잎의 외형(外形) 명칭

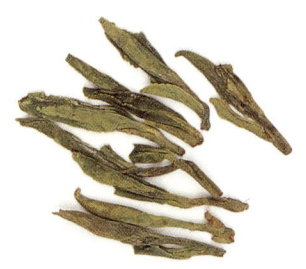

편평형(扁平形) 용정차

편형(片形) 육안과편

라형(螺形) 벽라춘

은침형(銀針形) 화산은호

주형(珠形) 용계화청

조형(條形) 수금귀

중국의 녹차는 살청 전에 탄방을 함으로써 약간의 발효를 일으키기도 하지만 기본적으로 녹차는 찻잎을 발효시키지 않은 불발효차다. 잎을 따서 바로 덖음으로써 찻잎 본래의 색과 향이 간직되어 있다. 잎을 따는 시기에 따라, 생산지명이나, 차를 가공 후 찻잎의 외형에 따라 그 종류는 천여 가지를 넘어서고 있다. 중국에서는 가장 보편적이고 사랑받는 차로서 전체 차 생산량의 60%를 차지한다.

# II 녹차 Green Tea

## ◘ 녹차의 제조공정

**채엽(采葉)-탄방(攤放)-살청(殺靑)-유념(揉捻)-건조(乾燥)**

180℃의 가스 불에서 기계가 찻잎을 흔들어 주면서 살청과 유념을 동시에 진행시키는 장면

▶ 안길백차의 유념

▶ 용정차밭

# 강산녹모란

**江山綠牡丹** | 녹차

절강성(浙江省) 강산시(江山市) / 별칭 : 선하화룡(仙霞化龍)

**청**명절(淸明節) 전후에 일아일엽(一芽一葉) 내지 일아이엽(一芽二葉)으로 딴다. 어린 싹을 감싸고 있는 형태로 백호(白毫)가 있고 윤기가 있으며 비취빛 녹색을 띠고 있다. 깨끗하고 상큼한 향이 오래 지속되며 맛은 향긋하고 개운하다. 찻잎의 색과 모양이 모란과 비슷하여 녹모란이란 이름이 붙여졌는데, 강산(江山)은 예로부터 명차의 산지로 유명했다. 1500년대 초반 명(明)대에는 '녹명(綠茗)'이란 이름으로 공차(貢茶)로 쓰였다. 별칭인 선하(仙霞)는 이 차가 선하산(仙霞山) 기슭에서 나기 때문이며「강산시지(江山市志)」에 의하면 북송 시기 소동파가 항주 태수로 있을 때 이 선하차를 맛보고 탄복하였다는 기록이 있다. 현재의 녹모란은 강산 특산공사에서 많은 연구 끝에 1980년에 새로이 보완되어 만들어진 차로 1982년 상업부 전국 명차를 획득하였다. 엽저의 특징은 '눈녹명량(嫩錄明亮)', 옅은 녹색으로 찻잎이 선명하고 맑다.

PART Ⅱ. 녹차 · 21

# 개화용정

**開化龍頂** | 녹차

절강성(浙江省) 개화현(開化縣)

**청**명절에서 곡우 사이에 딴다. 싹 끝이 뾰족하고 길쭉하게 뻗은 형태로 백호가 나 있어, 은색과 진한 녹색이 서로 섞여 있는 듯하다.

향은 난꽃의 향기가 그윽하게 풍기며 맛은 달고 개운하다. 탕색은 황색을 띠는 녹색이다. 우린 잎은 봉우리 모양으로 항주의 용정차와는 엄연히 다른 차이다.

절강성 개화현(開化縣) 대용산(大龍山)의 용정담(龍頂潭) 주변에서 생산되는데 이 지역의 차는 옛날부터 품질이 우수한 차가 많이 생산되던 곳으로「개화현지(開化縣志)」에 의하면 명대에는 공차 산지였다고 한다. 근세기에 그 맥이 끊어졌다가 1950년대에 새로이 만들어 졌으나 곧 중단되었고, 1979년에 다시 부활되었다.

PART Ⅱ. 녹차 · 23

# 경산차

**徑山茶** 녹차

절강성(浙江省) 여항시(余杭市) / 별칭 : 경산향명(徑山香茗)

**명**전부터 따기 시작하며, 우전(雨前)에 따는 것이 가장 좋다고 한다. 일아일엽(一芽一葉) 내지 일아이엽(一芽二葉)으로 따며 차 100g에 약 7천 개의 싹이 필요할 만큼 찻잎이 섬세하고 작다. 찻잎은 부드럽고 가늘며 솜털이 나 있으며 광택이 있는 차분한 녹색을 띤다. 율향으로 달고 개운한 향과 맛이 오래간다. 탕색은 밝고 부드러운 황색을 띤 녹색이다.

　경산은 천목산의 지맥으로 풍경이 수려하고 봉우리 정상에는 운무가 항상 끼고 가뭄이 없으며 토양이 비옥하여 생장 환경조건이 우수하다. 당대에 법흠선사(法欽禪師)가 이곳에 경산사를 창건하고 불공을 드리기 위해 차나무를 심은 데서 비롯되었다고 한다.

　당(唐) 대종(大宗)년간(762~779년)에 경산사(徑山寺)는 중국 5산10찰의 제1위의 절이었다. 국내외의 많은 승려들이 수행을 하였으며 일본 임제종(臨濟宗)을 창시한 에이사이(榮西)도 여기에서 공부하였다. 당시 경산사에서는 음차 풍습이 성행하여 항시 승려들이 둘러앉아 차를 마시고 불도를 논하는 '다연(茶宴)'이 열렸는데 그것을 에이사이(榮西)가 들여와서 일본 다도의 원형이 되었다는 설도 있다.

역사적으로 볼 때 경산차는 각 대의 여러 승려들이 가공공예에 더욱 공을 들이고 노력하여 특히 우수한 차로 탄생되었다. 1978년 절강성 여항현 농업국이 시장발전을 위하여 역사상 자료를 바탕으로 경산차 제다법을 창제, 재정비하여 현재의 경산차가 탄생, 생산되기 시작했는데 생산을 재개한 이래 성급명차품평회에서 3년 연속 우승한 바 있다. 1985년 중국차엽학회에서 전국명차로 평가받아 명차 대열에 합류하였으며 소비자에게 환영받고 있다. 찻잎을 따는 시기에 따라 쌍경우전(双徑雨前), 곡우춘(穀雨春), 경산모봉(徑山毛峰) 등이 있다.

엽저는 '취녹명량(翠錄明亮)', 푸른 녹색의 선명한 색이다. '세눈(細嫩)', 싹이 많으며 잎이 가늘고 어리다.

# 경정록설

**敬亭綠雪** | 녹차

안휘성(安徽省) 경정산(敬亭山)

<br>청</br>명절과 곡우 사이에 일아일엽으로 딴다. 백호로 뒤덮인 참새의 혀와 같은 모양으로 긴 유리잔에 넣고 뜨거운 물을 따르면 마치 하얀 눈이 내리는 것 같다. 맛은 매우 부드럽고 단맛이 돈다. 향기는 청신하고 오래간다. 황산여맥의 하나인 경정산은 절벽이 높고 항상 운무가 있으며 기후는 따뜻하고 맑은 샘물이 흐른다. 주변에는 백화향초들이 향기를 내뿜고 있어 이백을 비롯하여 많은 시인과 문인들로부터 아름다운 경관으로 칭송이 자자하였으며 육우의 다경 팔지출(八之出)에 차의 명산지라는 기록이 있다. 북송(北宋)시대에도 '선성현지(宣城縣志)'에서 경정록설을 따는 아름다운 정경이 노래로 남아있으며, 명, 청시대에는 매년 300근을 공차(貢茶)한 기록도 문헌에 남아 있다. 중일전쟁 후로 제조가 중지되었지만, 1972년에 부활하였다.

# 계평서산차

桂平西山茶　녹차

광서성 장족자치구 계평시 / 별칭 : 기반석서산차(棋盤石西山茶), 유천춘(乳泉春)

**봄**차는 2월 하순부터 4월 초까지 딴다. 11월까지 20회까지 채엽할 수 있다. 100g에 약 8,000개의 싹이 소요되며 길이는 3cm를 넘지 않아야 한다. 차나무 품종이 우수하고 제조공정은 매우 정교하여 세 번 덖고 세 번 유념하는 원칙을 고수한다. 진한 녹색에 솜털이 있고 맛은 순하고 단맛이 돈다. 향기는 맑고 상쾌하고 탕색은 투명감 있는 밝은 녹색이다. 이 차산지는 당대부터 재배하기 시작했는데 서산사의 승려가 강남에서 차씨를 가지고 와서 심었던 것이 유래가 되었다고 한다. 명대 또한 이 지역의 차가 명성을 떨쳤다. 청대에서도 전국 명차 중의 하나였고, 생산량도 증가되어 1982년과 1984년에는 전국 명차로 선정되었다. 서산에는 유천(乳泉)이 있는데 이 물로 차를 달이면 서산차 최고의 맛을 볼 수 있다고 한다.

# 고교은봉

**高橋銀峰**  녹차

호남성(湖南省) 장사시(長沙市)

명전에 일아일엽으로 따기 시작한다. 100개의 잎과 싹은 7.5~9.5g을 초과하면 안 된다고 할 만큼 찻잎은 가늘고 작으며 살짝 휘어져 있다. 찻잎은 녹색이고 솜털이 많다. 향은 진하며 맛이 상큼하면서 단맛이 돈다. 탕색은 밝고 투명감이 있는 옅은 녹색이다. 중화인민 공화국 건국 10주년을 축하하여 호남성(湖南省) 차엽연구소가 5년간 연구한 결과 1957년 제다에 성공하여 고교 옥황봉이라는 지명을 따서 명명되었다. 다른 녹차와 차이점은 제조공정이 8가지로 복잡하고 까다롭게 만들어진다는 것이다. 전 중국과학원 원장 곽말약 선생이 호남성을 시찰하는 도중 이 고교은봉을 마셔보고 당대의 명차(名茶)로 불리는 '호주자순(湖州紫笋)'과 '쌍정백아(双井白芽)'에도 필적한다고 하는 시를 지었다고 한다. 1989년 서안의 전국 명차품평회에서 추천되어 일약 유명해진 차이다.

PART Ⅱ. 녹차 · 31

# 고장모첨

**古丈毛尖** · 녹차

호남성(湖南省) 고장현(古丈縣)

처음 갓 벌어지려 하는 일아이엽(一芽二葉)을 딴다. 숙련된 손기술을 이용하는 8가지 공정을 거쳐 완성되는데 찻잎은 검은빛을 띠는 짙은 녹색으로 솜털이 있다. 맛은 상쾌하고 향은 길게 지속된다. 탕색은 투명한 푸른빛을 띠며 우리고 난 후의 찻잎은 부드러운 녹색이다.

무릉산구에 속한 고장현은 많은 종류의 수목들이 차나무와 함께 울울창창한 곳으로 차의 생산역사가 유구하다. 또 그 품질이 우수하여 이미 당대부터 청대까지 중국 명차의 하나로 조정에 헌상차였다. 1983년에 국가외경부에서 우량상품임을 인정하는 증서가 수여되었다.

# 고저자순

**顧渚紫笋**  녹차

절강성(浙江省) 장흥현(長興縣) / 별칭 : 호주자순(湖州紫笋)

청명절부터 곡우(穀雨)에 딴다. 잎은 짙은 녹색이고 솜털이 있다. 난의 향기가 나며, 탕색은 투명하고 밝다. 예로부터 명차로 유명했으며, 당(唐)대에 다성 육우가 높이 평가하여 헌상차로 추천했다고 한다. 그 결과 헌상차를 제조하는 공다원(貢茶院)이 만들어졌다.

당대에는 병차로 마셨지만 명대부터는 산차였다. 싹의 크기에 따라 '자순(紫笋)', '기아(旗芽)', '작설(雀舌)'의 3등급으로 구분된다. 명대 말부터 청대초에 사라졌지만 1970년대에 부활했다. 명칭은 고저산(顧渚山)에서 나므로 지명을 붙인 것이다. 또한 육우의 다경에서 싹은 '자(紫)'가 제일이며, 모양은 '순(笋)'이 제일이라고 하여 '자순(紫笋)'이 최고라고 지적한 것에서 이 이름이 되었다고 일컬어지고 있다.

# 금산취아

**金山翠芽**  녹차

강소성(江蘇省) 진강시(鎭江市) 금산(金山)

곡우 전후에 일아일엽(一芽一葉)이 필듯 말 듯한 상태로 딴다. 100g의 차를 만드는 데 7천 개 정도의 싹이 필요하다. 따서 3시간 정도 탄방시킨 후 높은 온도에서 살청(殺靑)한다. 찻잎의 모양은 싹은 가늘고 길며 편평하다. 진한 녹색으로 솜털이 나 있다. 향은 부드럽고 맛은 향긋하며 순수하다. 탕색은 밝고 부드러운 황색이며 우린 후의 잎의 색깔도 녹색이다. 중국에 있어서 식초의 최대 산지인 진강(鎭江)은 예전에 윤주(潤州)라고 하였는데 명차가 생산되었다고 한다.

그리고 지금의 금산취아는 1985년 연구 제조된 새로운 종류의 명차로 진강 교외의 금산(金山) 일대에서 생산하고 있는데 명차 있는 곳에 좋은 샘이 있듯이 금산에는 샘물이 있는데 이 물을 떠다 취아를 끓이면 차맛이 극히 일품이라고 한다.

PART Ⅱ. 녹차 · 35

# 남경우화차

**南京雨花茶**  녹차

강소성(江蘇省) 남경시(南京市)

청명절 전후에 딴다. 일아일엽(一芽一葉)으로 따는 것이 기본이다. 찻잎은 바늘처럼 가늘게 말려져 있어 뾰족하다. 찻잎은 검은색을 띠는 녹색이며 솜털이 나 있다. 향은 신선하고 짙으며 완두콩의 맛이 부드럽게 감돈다. 탕색은 투명감 있는 황록색이다. 차를 우린 후의 찻잎은 부드러운 녹색이다.

남경우화차는 원래 남경 중산릉과 우화 태원림 풍경구역에서 1958년부터 생산되기 시작했다.

남경우화대 난(難)으로 목숨을 바친 열사를 기리는 데서 이름을 명명했으며, 1959년 전국 10대 명차 중의 하나로 선정되었다. 현재 생산구역은 우화, 서하, 포구 등 3개 구와 강녕, 율수, 고순, 강포, 육합 등 5개 현으로 확대되었다.

# 노죽대방

**老竹大方** 녹차

안휘성(安徽省) 음현(歙縣) / 별칭 : 죽엽대방(竹葉大方)

명대에 만들어진 차이다. '노죽(老竹)'은 곡우에서 입하(立夏)에 걸쳐 딴다. 일아이엽(一芽二葉) 내지 일아삼엽(一芽三葉)으로 따며, 청(淸)대에는 공차로 쓰였다. 노죽봉(老竹峰)에서 처음 만들어졌다고 하여 이 이름이 붙여졌다. 대방(大方)은 차를 만든 승려의 이름이고, 대방차 중 제일 좋은 것을 '정곡대방(頂谷大方)'이라고 하며 우전(雨前)에 딴다.

찻잎은 편평하고 검은빛을 띤 녹색이다. 깊이가 있는 그윽한 맛과 향이 좋으며 율향이 난다. 탕색은 투명감 있는 엷은 황록색이다. 향의 흡수력이 강하므로 화차(花茶)의 모차에도 사용된다. 노죽대방의 외형은 편편하고 곧은 것이 검은 녹색의 윤기가 자르르한 색깔을 띠고 있다. 대방차 중 제일 귀한 정곡대방은 싹이 감춰져 드러나 있지 않으며, 취록색에 미황색을 띠며, 몸에는 백호를 걸친 것이, 개탕하면 정갈하고도 해맑은 누런 은행 빛깔에 향기가 오래가며, 숙판률향을 간직한 게, 맛이 순후하고 입안이 시원해지는데, 잎 밑바닥은 고르고 여리며 통통하게 잘 생겼다.

정곡대방의 원료는 일아이엽의 첫 순으로, 약 삼만 개의 아엽으로 1kg의 건차를 제작한다. 노죽대방의 제작은 살청, 유념, 고편, 휘간 등의 공정을 거친다. 정곡대방은 제작의 전 공정을 모두 솥 안에서 눌러가며 형태를 만들어 가는데, 떨구고 누르는 등의 손짓으로 찻잎을 납작한 형태로 만드는데, 이것을 속칭 고과청이라고 한다. 온도는 우선 고온에서 하고 나중에 저온에서 하는데, 대략 140~60도로 한다. 솥 안이 매끄러워 가느다란 털이 손상되지 않게 하기 위해서 솥 안벽에다 약간의 차 기름을 발라야만 한다.

▶ 노죽대방 화차

# 둔록

**屯 綠**　　녹차

안휘성(安徽省) 황산시(黃山市)

**완**성된 찻잎의 모양은 가늘고 뾰족한 눈썹 모양으로 대표적인 미차(眉茶)의 일종이다. 색은 회록색으로 광택이 난다. 신선하고 진한 맛과 뒷맛이 깔끔하고 단맛이 돈다. 그윽하고 부드러운 밤 향기가 나며 향기가 오래 지속되는 것이 특징이다. 탕색은 밝은 황록색이다. 우린 잎은 여리면서도 두툼하다. 둔록은 명차에 속하지는 않지만 그 품질이 뛰어난 탓으로 녹색금자(綠色金子)라는 멋진 칭호를 갖게 되었다.

　청(淸) 도광(道光)연간에 창제(創製)된 차로 주위에서 차를 제조하여 집적지인 이곳 둔계(屯溪)로 운반하여 가공 수출하였다. 둔계녹차(屯溪綠茶)를 줄여서 둔록으로 불리게 되었다. 둔록의 품질을 총체적으로 얘기하면 색록(色綠), 향고(香高), 미순(味醇), 형미(形美)의 여덟 글자로 표현할 수 있다.

# 도균모첨

**都勻毛尖**　　녹차

귀주성(貴州省) 도균시(都勻市) / 별칭 : 백모첨(白毛尖), 세모첨(細毛尖), 구차(鉤茶)

**청** 명절부터 입추까지 딸 수 있지만, 우전에 따는 것을 제일로 여긴다. 일아일엽(一芽一葉)으로 딴다. 100g에 약 1만~1만 2천 개의 싹이 소요될 정도로 찻잎은 여리고 작은 것만을 따야 하고 제다도 매우 정교하다.

찻잎은 구부러져 있어 우렁이 같은 모양을 하고 있어 벽라춘과 흡사하다. 색은 짙고 깊은 녹색이며 백호(白毫)가 많이 나 있다. 신선하고 진한 맛으로 깔끔한 향이 오래 지속된다. 탕색은 황록색이며 차를 우린 후의 찻잎은 연한 녹색이다. 1700년대 말 해외에 수출되었다.

1982년 전국 명차비평회에서 아름다움과 우수한 품질로 인정받아 전국 명차대열에 합류하게 되었다.

PART Ⅱ. 녹차 · 43

# 말리용주

**茉莉龍珠** | 녹차(화차)

복건성(福建省) 복안(福安)

대백종의 찻잎을 일아일엽(一芽一葉)을 기준으로 일아이엽(一芽二葉)을 딴다. 탄방과 살청과 건조를 한 母茶를 재가공실로 가지고 가서 부드럽게 하기 위해 촉촉이 물을 뿌려 준다. 찻잎 두 개를 일일이 손으로 동그랗게 말아서 가로 4센티 정도로 길게 자른 깨끗한 습자지 종이에 꽁꽁 싸맨다. 90도의 건조실에서 충분히 건조시켜 종이를 벗겨낸 다음 3음 1제(三窨一提)의 음화(窨花)과정과 건조과정을 거치면 완성된다.

최근 고급화차 붐을 타고 만들어진 차로 하얀 솜털이 난 새싹을 둥근 형태로 만든 재스민차로 중국인들이 경사스럽게 생각하는 용과 구슬의 이름이 붙여졌다. 맛은 은은하면서 달짝지근하고 향기와 품질이 아주 뛰어나다.

# 말리화차

**茉莉花茶**　녹차(화차)

복건성(福建省) 복안(福安) / 별칭 : 말리홍청(茉莉烘靑), 향편(香片)

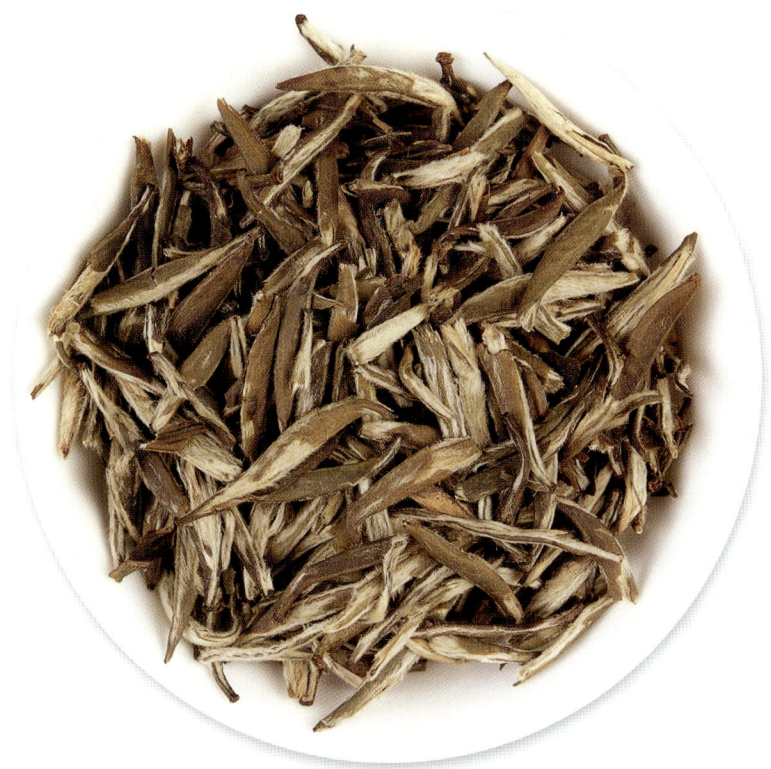

대백종의 찻잎으로 일차 홍청(烘靑) 가공하여 오후 4시 전후로 말리(재스민)꽃을 따와서 저녁에 차에 골고루 섞는다. 꽃을 따는 방법으로는 꽃봉우리가 활짝 핀 것보다는 중간 정도로 된 것을 따서 작업을 한다. 이는 훈향의 공정으로 '음화(窨花)'한다고 하는데 찻잎이 말리화의 향기를 흡수하여 차맛과 향기를 증진시킨다. 음화공정은 여러 번 반복해서 하는데 일반적으로 3번 한다. 여느 차와 다른 독특한 분위기를 가지고 있으며 재가공차로 분류된다. 광서성(廣西省) 횡현(橫縣)이 생산량은 가장 많으나 품질은 복건성의 대백종 찻잎에 복건성의 말리꽃으로 만든 것이 월등히 품질이 뛰어나다고 한다. 전세계적으로 말리화차가 알려지게 된 시기는 19세기 말 외국으로 수출을 하면서부터이다.

# 몽정감로

**蒙頂甘露** 녹차

사천성(四川省) 아안시(雅安市)

춘분경, 싹이 나온 것 중에서 부드러운 것만을 골라 딴다. 일아(一芽) 내지 일아일엽(一芽一葉)으로 딴다.

찻잎은 가늘고 백호(白毫)가 많이 나 있으며 연한 녹색으로 확실히 문질러 비빈다. 신선하고 개운한 맛은 끝맛이 달다. 향이 향긋하고, 탕색은 투명한 녹색으로 약간 황색을 띠고 있다.

몽산(蒙山) 정상에 차나무가 심어져 있으며 옛날부터 이 몽정차의 약효에 대해 많은 이야기가 전해오고 있다. 2,000년 전 서한시대부터 존재하는 차이다. 차의 맛이 단 이슬과 같다고 하여 이 이름이 붙여졌으며 당대부터 청대까지 공차로 지정되었으며, 국사보(國史補)에는 몽정차가 황차 중에 최고의 차라고 기록되어 있다.

# 무석호차

無錫毫茶 | 녹차

강소성(江蘇省) 무석시(無錫市)

일아일엽(一芽一葉)으로 따며 한 근의 차를 만들기 위해서는 4,630개의 싹이 필요하다. 외형은 나선 모양의 고리처럼 구불구불하며 싹이 실하고 도톰하여 백호가 아주 많다. 녹색에 비취빛이 감돈다.

탕색은 맑고 투명하며 녹색이다. 맛은 신선하고 깨끗하며, 향기는 맑고 상쾌함이 높고 오래 지속되며 솜털의 특이한 향이 있다.

무석호차는 무석시 교외(郊外) 태호(太湖) 주변의 낮은 구릉지대에서 생산되며 1973년 무석시 다엽품종연구소(無錫市 茶葉品種研究所)에서 연구하기 시작하여 여러 해 차 만들기를 실시한 결과 1979년에 지금과 같은 무석호차가 완성되었다.

# 벽라춘

**碧 螺 春**　녹차

강소성(江蘇省) 오현시(吳縣市) / 별칭 : 동정벽라춘(洞庭碧螺春), 하살인향(香煞人茶)

◀ 소주 벽라춘

춘분부터 곡우 즈음까지 일아일엽(一芽一葉)으로 따는 것을 기본으로 삼고 있다. 살청(殺青)작업 이후 과일나무의 작은 가지를 태워 솥을 달군 후 그 안에서 유념(揉捻)한다. 그때 솜털이 떨어지지 않도록 적절히 조절하면서 비빈다. 찻잎은 가늘고 우렁이 같이 구부러져 있고 솜털이 많다. 품질이 좋을수록 솜털로 하얗게 뒤덮여 있으며 많은 찻잎(100g에 8천~1만 5천 개)이 든다. 명전(明前)에 따는 것을 가장 좋은 것으로 친다. 차밭에는 매실, 복숭아, 감, 살구 등의 과수를 차나무 사이사이에 심어 놓아 찻잎에서 과일향과 꽃향기가 나는 것으로 유명하다. 서산 쪽에 있는 차밭 주변에는 유채꽃이 특별히 많은 편이다.

태호(太湖)의 동쪽 동정산(洞庭山)에서 수확되는 것이 최고로 여겨진다.

동정산은 육우시대부터 기록이 있는 차 재배지이다. 청(淸)의 강희(康熙) 연간(1662~1723년)에 황제가 남방 순시 중에 송락이라는 신하를 보내 이 차를 구해 마셨다. 차의 맛과 향이 너무 좋아서 이름을 물었더니, '하살인향(嚇殺人香)'이라고 했다. 차의 이름이 적당하지 못하다는 생각이 든 황제는 차나무가 벽라봉(碧螺峰)에서 자라고 그 형태가 소라처럼 구부러져 있으니, '벽라춘(碧螺春)'으로 고쳐 부르라고 명을 내려 하살인향이라 불리던 것이 벽라춘이라는 명칭으로 개명되었다고 한다.

▶ 운남 벽라춘

# 보이생차(병차)

**普洱靑餠**  녹차

운남성(雲南省) 보이현(普洱縣) 서남부 / 보이차

◀ 보이청병 4년차

운남 대엽종 차나무의 신선한 찻잎을 따서 쇄청(曬靑) 절차를 거친 차로서 찻잎의 외형이 튼실하고 두툼하며 크다. 차맛은 아주 진하고 자극성이 강하며 높은 향기가 지속되는데 그 향기는 운남성 야생 대엽종 보이차만의 독특한 향기이며 풍격이다. 오랫동안 우려내도 처음의 향기와 맛이 변하지 않는 것이 특색이며 그 우려낸 차 빛은 등황색을 띠고 있다.

보이생차를 만들었을 때는 발효가 되기 전 상태이므로 녹차 긴압차이다. 먼저 잎차 형태인 보이차를 만들면 산차가 되고, 이러한 산차를 증기로 쪄서 압력을 주어 여러 가지 형태인 고형 긴압차를 만든다. 모양에 따라 병차, 타차, 긴차 등으로 나뉜다. 긴압 보이차는 오래 묵을수록 그 가치가 높아진다.

◀ 고차수에서 채엽하여 만든 차의 엽저(葉底)

▶ 보이청병 1개월

## 보이생차(산차)

**普洱青餠** 녹차

운남성(雲南省) 보이현(普洱縣)

▲ 고차수에서 4월 초순에 채엽한 잎으로 만든 산차

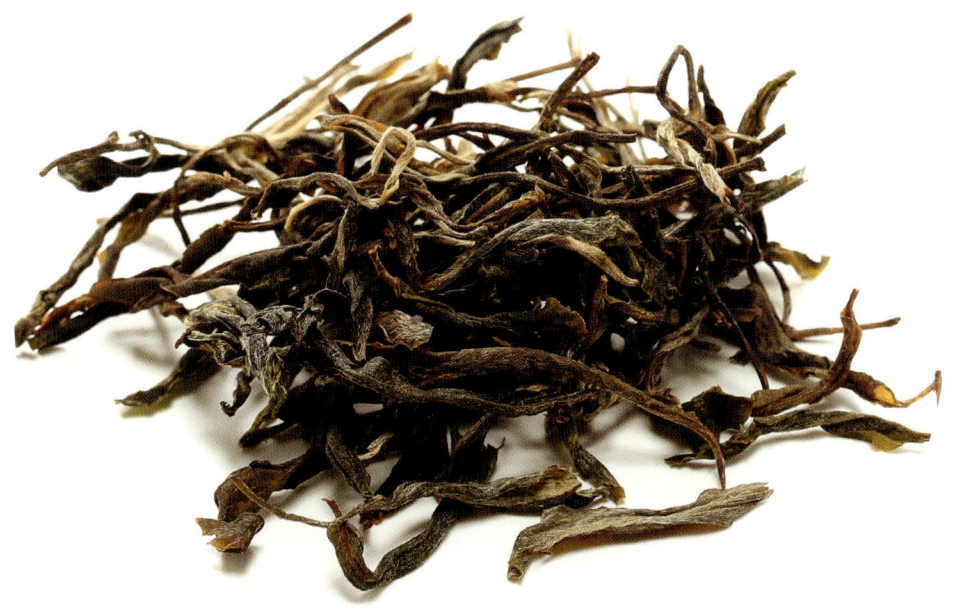

▲ 임창지역 고차수에서 3월 초순에 채엽한 잎으로 만든 산차

◀ 현지 소수 민족이 마시는 산차의 엽저

PART Ⅱ. 녹차 · 55

# 복건녹아

福建綠芽 녹차

복건성(福建省) 복안현(福安縣)

일아일엽(一芽一葉)을 기준으로 딴다. 생산과정은 매우 과학적인 제조공정을 통해 이루어지며, 완성된 차의 외형은 싹이 많고 가지 형태가 자연적으로 벌어진 침형으로 백호가 있다. 통통한 찻잎은 튼실하고 매끄럽고 취록색을 띤다. 향기는 신선하고 상쾌하며 맛은 신선하고 두텁다. 탕색은 투명한 황록색이고 우린 잎은 여리고 가지런하며 황록색을 띤다. 산지의 강우량은 충분하고 기후는 온화하다. 토양은 비옥하며 약산성의 사질토(砂質土)로 차나무 생장에 아주 좋은 생태환경을 가진다.

▶ 물에 약간 젖은 잎

PART Ⅱ. 녹차 · 57

# 서성난화

**舒城蘭花** 녹차

안휘성(安徽省) 서성시(舒城市)

곡우 전후 10~15일간 딴다. 小 난화차는 일아이삼엽(一芽二三葉)으로 딴다. 大 난화차는 일아삼사엽(一芽三四葉)으로 딴다. 탄방하지 않고 따서 바로 살청하며 제다공정은 간단하여 살청, 초홍, 족홍의 3가지 공정으로 완성된다.

서성난화의 산지는 서성(舒城), 여강(廬江), 동성(桐城), 악서(岳西) 등이며 대별산자락의 해발 1,000미터 이상에 위치한다. 꽃들이 만발하고 밀림이 우거진 곳으로 토양과 기후가 차나무가 자라기에 적당한 조건을 가지고 있다. 난화차의 역사는 청(青) 이전으로 거슬러 올라가며 난화차 명칭의 유래는 2가지가 있는데 외형이 난꽃과 비슷하다고 해서 명명되었다는 설과 주변에 난화꽃이 만발해서 찻잎이 난꽃향을 흡수하므로 명명되었다는 설이 있다.

외형은 갈고리처럼 약간 구부러져 있으며 취록색이고 백호가 있다. 향기는 난꽃향이 나며 오래 지속된다. 맛은 달고 순하며 탕색은 여린 녹색에 밝으며 금황색의 광택이 있다. 우린 잎은 여린 황록색에 잎은 두툼하며 마치 난꽃이 피어난 것 같은 형상이다.

# 석순취아

石笋翠芽 녹차

안휘성(安徽省) / 육안시

# 선은공차

**宣恩貢茶** 녹차

호북성(湖北省)

# 수창향차

**遂昌香茶** · 녹차

절강성(浙江省) 수창현(遂昌縣)

청명절 전후부터 곡우(穀雨)까지 일아일엽(一芽一葉)으로 딴다. 10시간 정도 충분히 탄방한 후에 살청한다. 찻잎은 매우 섬세하며 진한 녹색을 띠고 있다. 탕색은 투명감 있는 황록색이고 차를 우린 후의 찻잎은 밝은 연록색이다. 맛은 강하고 단맛이 돌며 향은 좋은 꽃향기가 높고 오래 지속된다.

찻잎만으로는 꽤 작게 보이지만 뜨거운 물을 부으면 이렇게나 긴 찻잎이었나 하고 놀랄 만큼 싹과 잎이 큰 편이다. 등급이 높은 것을 특별히 '수창은후(遂昌銀猴), 송양은후(松陽銀猴)'라고도 한다. 이곳은 구룡산(九龍山), 백마산(白馬山), 우두산(牛頭山), 천불산(千佛山) 등이 있는 아름다운 곳으로 4계절을 통틀어 운무가 끼어 명차가 생산될 수 있는 조건을 갖춘 곳이다.

# 송양은후

**松陽銀猴** 녹차

절강성(浙江省) / 수창현 / 별칭 : 수창은후

찻잎이나 싹이 실하고 도톰하며 백호로 뒤덮여 있어 원숭이 발톱과 같은 모양에 은후(銀猴)라는 별칭이 붙었다. 향기가 그윽하고 오래 지속되며 맛은 상큼하다.

  탕색은 투명하고 밝으며 우린 잎은 도톰한 싹 형태로 연두빛을 띤다. 엽저는 옅은 녹색으로 찻잎이 선명하고 맑다. 주요 생산지는 절강성 수창과 송양의 우두산, 구룡산, 백마산 일대에서 생산되며 1981년 연구 제조된 차이다.

# 수공예차

`手工藝茶` `녹차`

복건성(福建省) 말리선도, 금상첨화, ...

**재**가공차인 화차의 일종으로서 채엽한 찻잎(烘靑綠茶)을 면실과 바늘로 일일이 엮어 둥근 형태로 만들어 정형건조시키고 말리화 꽃향기를 입힌 후 완성시키는 차이다.

중국차의 훌륭함은 맛과 향기뿐만 아니라 눈을 즐겁게 하는 데에 있다. 유리잔에 넣어 올라갔다 내려갔다 하는 모습은 마치 수중화와 같이 흔들려 찻잎의 아름다움과 움직이는 모양을 즐기면서 마시는 차이다.

◀ 선녀봉월(仙女捧月)
　녹차 + 말리화 + 천일홍

▶ 말리선녀(茉莉仙女)
　녹차 + 말리화 + 금화 + 백국

▶ 길상여의(吉祥如意)
  녹차 + 백국 + 천일홍

▶ 단계표향(丹桂飄香)
  녹차 + 계화꽃 + 홍백합

◀ 만자천홍(万紫千紅)
　녹차 + 카네이션

▶ 백화선자(白花仙子)
　녹차 + 홍백합 + 말리화

◀ 오타금화(五朶金花)
　녹차＋말리화＋황국

▶ 백모란(白牡丹)
　백차에서의 백모란과 달리 수공예차로서의 백모란은 재스민향을 가미한 화차로 생산하는 편이다. 상품에 따라서 나름대로 다른 이름을 붙이는 경우도 있다.

◀ 춘색만원(春色滿園)
　녹차＋금잔화＋재스민

▶ 금상첨화(錦上添花)
　녹차＋국화

# 신양모첨

**信陽毛尖** 녹차

하남성(河南省) 신양현(信陽縣) 신양시(信陽市)

  다원(茶園)은 주로 신양의 서남쪽 차운산, 집운산, 천운산, 운무산, 진뢰산, 흑룡담 등 지세가 높고 운무가 많은 협곡 사이에 분포되어 있으며, 동주(BC 70~BC 256년)시대부터 2,000년이 넘는 차 제조의 역사가 있다. 따는 시기는 3기로 나뉜다. 곡우(穀雨) 전후가 봄차, 망종(芒種) 전후가 여름차, 입하(立夏) 전후가 가을차이다. 그 중에서도 우전에 따는 '우전모첨(雨前毛尖)'은 진품이라고 일컬어진다. 등급에 따라 일아일엽(一芽一葉), 일아이엽(一芽二葉), 일아삼엽(一芽三葉)으로 따는데 1980년대 후반부터 싹만을 따는 것도 나오고 있다. 찻잎은 가늘고 단단하며 진한 녹색에 백호(白毫)가 나 있다. 맛은 신선하고 단맛이 돌며 향은 그윽하며 상쾌한 향기가 오래 지속된다. 이 차의 특색은 마지막 가열공정에서 생겨난다고 한다.

# 쌍정록

**双井綠** 녹차

강서성(江西省)

# 안길백차

安吉白茶　녹차

절강성(浙江省) 안길시(安吉市) / 별칭 : 안길백편(安吉白片)

3월 상순~중순에 일아일엽(一芽一葉)을 기준으로 따며, 1980년대에 만들어졌을 때에는 안길백편(安吉白片)이라고 불렸다. 천목산(天目山) 북쪽 기슭, 해발 400m 이상의 기복이 있는 삼림이 많은 곳에서 재배되고 있다. 찻잎은 엷은 황록색이지만 차 이름에 백이라고 붙은 만큼, 다른 찻잎보다도 하얗게 보이며 2~3번 우리면 그것이 한층 현저히 나타난다. 일반 녹차에 비해 아미노산 함량이 2배 많아서 단맛이 나며 감칠맛이 풍부하다. 향기는 그윽하며 오래 지속된다. 탕색은 옅은 녹색이며 투명할 정도로 밝다. 등급이 높은 것은 그 맛과 향이 뛰어나 우리나라에서도 인기가 많지만 값이 비교적 비싸다.

안길백차 우린 잎(엽저, 葉底)

# 안탕모봉

**雁蕩毛峰**　녹차

절강성(折江省) 악청현(樂淸縣) / 별칭 : 후차(猴茶)

　**청**명과 곡우 사이에 일아일엽(一芽一葉)을 기준으로 딴다. 잎보다는 싹이 길어야 하고 도톰하고 은호로 덮여 있고 향기는 고아하고 맛은 신선하고 상쾌하며 단맛이 돈다. 탕색은 엷은 녹색이며 우린 찻잎은 꽃이 핀 모양이다.

　악청현의 안탕산에서 재배되고 있는데, 안탕산은 차 역사가 오래되고 진나라 시절부터 이미 차 생산이 있었으며 북송 이후 발전되었다. 1979년에 생산을 재개한 이래로 절강성의 명차가 되었다. 안탕산 정상에는 호수가 있는데 봄에 기러기가 돌아오는 것에서 안탕이란 이름이 붙여졌다. 또, 전해지는 이야기에 의하면 안탕산에 서식하는 원숭이를 포획하여 벼랑에 있는 차나무에서 찻잎을 따기 위한 훈련을 시켜 봄이 되면 차 싹을 따게 했다는 것에서 후차(猴茶)라고도 불린다. 안탕산의 다원은 사원(寺院)이 소유하고 있다.

# 안화송침

**安化松針**　녹차

호남성(湖南省) 안화현(安化縣)

청명절 전후부터 따기 시작한다. 반드시 일아일엽(一芽一葉)만을 딴다. 호남성의 안화는 흑차로 유명하나 원나라 말기부터 명나라 초기에 홍청녹차를 생산하기 시작했으며 명 홍무 24년에 규정한 호남공차 83kg 중 13kg이 안화송침이었다. 찻잎의 형태가 솔잎과 비슷하다고 하여 이 이름이 붙여졌다. 호남성(湖南省)의 안화현(安化縣) 다업(茶業)시험장에서 명차의 우수한 점의 고찰과 연구를 거듭하여 1959년에 완성시킨 녹차 중의 진품이다. 1986년에는 전국 명차심사회에 출품되어 상업우질명차라는 칭호를 획득했다. 향기가 높고 맛은 풍부하고 달다. 탕색은 녹색에 투명하다.

# 여산운무

**廬山雲霧**  녹차

강서성(江西省) 구강시(九江市)

**청**명절 전후부터 따기 시작한다. 일아일엽(一芽一葉)이 기본이다. 찻잎은 가늘게 유념(揉捻)되며 광택이 난다. 색은 검은색을 띠는 녹색으로 개운하고 신선하며 진하고 그윽한 맛이 나며 끝맛도 깔끔하다. 콩의 향기가 난다. 여산(廬山)은 중국을 대표하는 관광지인데 풍경이 수려하며 옛날에는 육우(陸羽)도 들렸고 백거이(白居易) 등의 문인들이 많은 시를 남겼다. 당(唐)대 헌상차로 쓰였다. 「여산지(廬山志)」중에 기록되어 있다. 동진(東晋)시대에 '여산(廬山)은 불교의 중심지 중의 하나'였으며 당시의 명승 혜운(慧運)이 산 정상에 30여 년간 살고 승려들을 모아 불학을 가르치고 산 속에서 차를 재배했다는 것에서 발전했다고 한다. '여산운무차의 명칭은 명(明)나라 때 시작했다'라고 「본초강목(本草綱目)」에 기술되어 있다.

# 관장모첨

**官庄毛尖**　녹차

호남성(湖南省)

# 오자선호

**午子仙毫** | 녹차

섬서성(陝西省) 서향현(西鄕縣)

청명 전에 따기 시작해서 곡우 10일 후에 마친다. 일아이엽(一芽二葉) 초전을 표준으로 한다. 선엽은 3~5시간의 탄방을 거쳐 7개 공정을 거쳐 생산되는데 차 1Kg에 6.2만 개의 싹이 들어있다.

완성품은 모양이 마치 난꽃 같으며 색은 취록빛이다. 백호로 덮여 있으며 향이 지속적이다. 맛은 부드럽고 상쾌하며 단맛이 돈다. 탕색은 투명하다. 우린 잎은 꽃망울 같다.

한중지구의 동부 섬남의 명산인 오자산 차원에서 연구 개발하여 1985년 8월 성급기술을 통과하여 우수 신상품으로 감정받았다.

PART Ⅱ. 녹차 · 79

# 용계화청

**涌溪火靑**  녹차

안휘성(安徽省) 경현(涇縣)

용계의 만두산(湾頭山) 일대에서 제조하고 있는 녹차로 이 지역의 차 생산 기원은 명(明)대에까지 거슬러 올라가며 제다가 활발하여 관련된 전설도 남아 있다. 청(淸)대에는 시인들이 높이 평가하여 유명해졌으며 둥근 과립(顆粒) 모양을 한 찻잎이 특징적이다. 생잎에서 완전한 차가 되기 위해서는 20시간이나 걸려 제조되는데 청명절(淸明節)에서 곡우(穀雨) 사이에 일아이엽(一芽二葉)을 딴다.

찻잎은 검은빛을 띤 녹색이고 맛은 깊이가 있으며 그윽해서 뒷맛이 좋다. 꽃향기가 나고 오래간다. 탕색은 옅은 황록색이다. 만드는 방법을 둔록(屯綠) 등에서 받아들여 당시는 '합청(焓靑)'이라는 이름이었지만 '합(焓)'과 '화(火)'는 현재 같은 발음이기 때문에 이 이름으로 불리는 것이라고 한다.

PART Ⅱ. 녹차 · 81

# 용정군체종

**龍井群體種** | 녹차

절강성(浙江省)

**명**전차는 정부에 납품한 후에 시장에 나오는데 그 양은 적으며 품질이 좋은 것은 중국에서도 고가이다. 특히 사봉(獅峰)의 용정차는 귀하게 여겨지고 있는데 찻잎의 질은 날씨에 따라 좌우되며 가격도 물론 그 해에 따라 변동된다.

수확시기에 차밭에 가보면 차 농가는 차 가게로 바뀌어 있다. 농가에서도 차를 마시게 제공하는 것이다.

수확시기는 매년 그 해의 기후에 따라 달라지지만, 2001년은 3월 26일경, 2002년은 가장 빨라서 3월 17일 전후부터 따기 시작했다. 청명절(淸明節)은 하나의 기준이며 수확시기는 그 해의 기후에 따라 다르다. 그리고 그 사이에 딴 차는 모두 명전차(明前茶)가 되는 것이다. 용정차의 초제는 청과(靑鍋), 회조(回潮), 휘과(輝鍋) 등으로 나누어 실시된다. 우선 탄방(攤放)

하고 그 후 약 20~25분간 살청(殺靑)하고 불에서 내려 그늘에서 1시간 정도 말린 다음 다시 솥에서 모양을 완성시키면서 건조시키는데 대개 4번으로 작게 나누어 볶고 4번분을 한꺼번에 합쳐 다시 볶아 찻잎의 모양을 정돈시킨다.

 이렇게 하여 완성된 차는 모양은 편평 납작하고 매끄러우며, 맛은 신선하고 상쾌하며 뒷맛에 단맛이 난다. 진한 향기는 난초 같으며 탕색은 짙은 녹색이다(청과 ; 살청, 찻잎에 열을 가해 산화효소의 작용을 멈추게 하는 것. 회조 ; 탄량, 놔두는 것. 휘과 ; 정형건조).

# 43호龍井

**龍井43**  녹차

절강성(浙江省) 항주(杭州)

국가 급 차수 품종으로 중국 농업과학원 다엽연구소에서 절강(浙江) 항주(杭州) 용정(龍井)차수 군체(群體) 중 우수한 품종을 육종에 성공한 차이다.

관목형 중엽류 조아종(早芽種)으로 춘차는 3월 중순경에 발아한다. 발아력이 강하고 단위 면적당 생산력이 높다. 용정차와 같은 제법으로 녹차를 만드는데 외형은 편평하고 윤기가 나며 연한 녹색이다. 향기는 짙고 오래 지속된다. 맛은 달고 상큼하다. 탕색은 밝은 청록색이며 우린 잎은 연한 황록색이다.

PART Ⅱ. 녹차 · 85

# 용정차(서호용정)

**龍井茶** `녹차`

절강성(浙江省) 항주(杭州)

녹차 중에서 가장 먼저 이름이 떠오르는 명차이다. 1196년에 용정에 있는 광복사(廣福寺)에서 손님이 왔을 때 대접한 차가 용정차(龍井茶)의 시초이다.

그리고 명, 청 시대에 전국적으로 유명해졌다. 청대의 강희황제는 항주에 행궁을 창립하고 용정차를 공차로 지정하였고 건륭황제는 사봉산 아래 호공묘에서 용정차를 마신 후 절 앞 18그루의 차나무를 어차로 지정하였다 하는데 지금도 그 자리에서 볼 수 있다.

산지는 서호(西湖) 주변, 사봉(獅峰), 매가오(梅家塢), 용정(龍井), 영은(靈隱)이 용정차(龍井茶)가 나는 지역으로 '서호용정(西湖龍井)'이라고 불리고 있다. 그 외의 장소에서 나는 것은 '절강용정(浙江龍井)'이라고 총칭되고 있다.

용정차는 향, 색, 맛, 모양이 각각 빼어나다 하여 '사절(四絶)'이라고 불린다.

사봉용정 차밭

# 육안과편

**六安瓜片**  녹차

안휘성(安徽省) 육안시(六安市)

안휘성 육안(六安)과 금채(金寨), 곽산(霍山) 등에서 생산되는 차가 제일 유명하다. 곡우(穀雨) 전후에 딴다. 싹은 따지 않고 잎만을 따는데 한 장 한 장 편평한 모양의 찻잎만을 고른다. 곡우 전에 따서 만든 차가 제일 좋은데 '명편(名片)'이라 하며 '과편(瓜片)'은 그 다음 딴 잎으로 만든 차이다.

검은빛을 띤 녹색이며 솜털이 나 있다. 신선하고 그윽하며 뒷맛이 좋다. 깔끔한 향은 오래 가고 탕색은 밝은 황색이다. 유념할 때 찻잎을 말아가며 비비는데 찻잎이 참외씨 모양과 비슷하여 과편(瓜片)이라고 한다. 육안의 차는 당(唐)대에도 명차로 알려져 있었으며 청(淸)대에는 널리 시장에서 유통되었다. 지금과 같은 과편으로 만들어진 것은 1905년 전후이다. 육안차의 기반 위에 모첨 제조기술의 정수를 흡수하여 새롭고 독특한 차종 개발에 성공한 것이다. 육안과편은 그 독특한 품격으로 인하여 많은 상을 받고 있는 차이다.

▶ 우린 잎(엽저, 葉底)

# 은시옥로

**恩施玉露**  녹차

호북성(湖北省) 은시시(恩施市) / 별칭 : 옥로차(玉露茶), 옥로(玉露)

중 국차 중에서 현재는 거의 볼 수 없을 정도로 오래된 '찜' 방식의 살청(殺靑) 제법을 취하는 차이다. 일아일엽(一芽一葉)으로 수확하는 것을 기본으로 한다. 싹이 길고 잎이 짧으며 진한 녹색을 띠는 것이 특징이다. 유념(揉捻)과정에 광을 내기 위하여 '정형상광(整形上光)'이라는 공정이 있으며 1시간이 넘는 시간이 걸린다. 건조도 꽤 걸린다. 완성된 찻잎은 가늘고 바늘 같으며 일본의 옥로(玉露)와 비슷한 모양이다. 광택이 있으며 진한 녹색이다. 탕색은 부드럽고 밝은 녹색 내지 황록색이다. 맛은 개운하다.

은시(恩施)는 송(宋)대부터 차의 산지로서 이 차는 청(淸) 후기부터 만들어지기 시작했다. 한때 일본에 수출되기도 했는데 그 당시의 차 이름은 '송침(松針)'이었다. 1930년대 중반에 이 이름을 갖게 되었다.

# 임해반호

**臨 海 蟠 毫**　　녹차

절강성(浙江省) 임해시(臨海市)

    **청**명절 전후 2주간 정도에 딸 수 있는 차이다. 일아일엽(一芽一葉) 내지 일아이엽(一芽二葉)으로 딴다. 똬리를 틀고 있는 것 같은 모양(蟠)으로 유념(揉捻)되며 은호(銀毫)가 나 있기 때문에 발효라는 이름이 붙여졌다. 맛은 그윽하고 순하다. 향이 신선하고 탕색은 옅고 고상한 황록색이다. 차를 우린 후의 찻잎은 연한 녹색이다.

    1979년부터 연구하여 1982년에 완성된 절강성의 신개발 명차다. 임해시의 운봉산은 절강성의 7대 차 산지 중 하나이며 연중 차 생산량이 1,500kg이 된다. 그러나 이 지역은 한(漢)대에도 차 재배지가 있었다고 하며 명대에는 많이 생산되었다. 또한 청대에는 공차로 쓰이기도 했다.

PART Ⅱ. 녹차 · 93

# 자양모첨

**紫陽毛尖** | 녹차

섬서성(陝西省) 자양현(紫陽縣)

청명 10일 전부터 따기 시작하여 곡우 전에 마친다. 일아일엽(一芽一葉)을 표준으로 한다. 채엽은 자양종과 자양 대엽포종에서 채취한다.

12개의 공정을 거쳐 생산되는데 1kg의 선엽에는 3.1~4.2만 개의 싹이 들어있다.

외형은 세침형으로 튼실하고 균일하며 아름답다. 취록색을 띠며 표면은 백호로 덮여있다. 탕색은 여리고 투명한 벽옥색이며 맛은 신선하고 상큼하며 단맛이 있다. 우린 잎은 통통하고 깔끔하며 연록색이다. 자양모첨(紫陽毛尖)차가 생산되는 지역은 험한 산들이 죽 이어져 있고 안개가 상시 피어오르며 사계절 내내 물이 따뜻하고 겨울은 온화하며 여름은 시원하다. 이곳의 한강 양 기슭의 가까운 산지와 협곡에서 생산된다. 차원의 토양은 화강암과 편마암 성분의 황사토로 이루어졌다.

# 자연차

**紫娟茶**　녹차

운남성(雲南省) 보이현(普洱縣)

자연차는 1985년 대지차원에서 발견된 것으로 싹, 옆, 줄기가 모두 자주색인 것을 말한다. 전체 색상이 진한 자주색으로 보인다. 더구나 차로 만들어진 것은 더 진한 색이며, 개량이 되어 전문적으로 육종하고 있으며, 싹, 옆, 줄기가 모두 진한 자주색이어서, 탕색도 자주색 빛깔이 난다. 자연차와 자아차의 차이는 자연차는 중소엽종이며 자아차는 대엽종으로 자연차 모차의 탕색은 자색, 자아차 모차의 탕색은 금황색이다.

# 자조차

**紫條茶** 녹차

운남성(雲南省) 보이현(普洱縣) 별칭: 자아차紫芽茶

자아차(紫芽茶), 자조차(紫條茶)는 자연에서 스스로 변종이 된 것으로 싹이 자주색이거나 줄기가 자주색으로 바뀌는 것을 말한다. 이렇게 유사하게 특정 부위만 자주색으로 바뀌는 것들이 많이 있다. 일반적으로 전통 자아는 대엽종 교목에서 나타난다. 그러나 자아가 나는 차나무는 흔하지 않으며, 자아가 나는 차나무에서도 그 싹이 많은 편이 아니다. 이런 차는 자연차(紫娟茶) 처럼 탕색이 자주색을 나타내지는 않는다.

통상적으로 자연차, 자조차, 자아차 이런식으로 구분을 하기도 하고, 자연차를 대명사로 쓰고, 그 안에 자아차, 자조차를 구분하는 방법도 있다. 양자의 공통점은 안토시아닌 함량이 높아 일정한 보건 효과를 지닌다는 것이다.

PART Ⅱ. 녹차 · 99

# 죽엽청

**竹葉靑**　　**녹차**

사천성(四川省) 아미산(峨眉山) / 별칭 : 아미죽엽청(峨眉竹葉靑)

청명절 되기 3~5일 전경에 따기 시작한다. 일아일엽(一芽一葉) 내지 일아이엽(一芽二葉)으로 딴다. 찻잎의 크기가 가지런한 것이 특징이다.

맛은 순하고, 청향이며 부드럽다. 탕색은 맑고 깨끗한 황록색이다. 덖음과 유념(揉捻)을 여러 번 반복하고 그 후에 홍배(烘焙)하여 마무리한다. 아미산(峨眉山)은 중국 불교명찰 성지 중의 하나인데 그곳에서 생산된다. 대나무 잎과 비슷하여 죽엽청이라고 이름이 붙여졌다.

유념은 비교적 간단하게 하기 때문에 찻잎의 형태가 파손되지 않고 온전한 편이다. 죽엽청은 녹차의 분류상 홍청녹차에 속한다.

# 중경타차

**重慶沱茶** 녹차

사천성(四川省) 중경(重慶)

사천성(四川省) 중경에서 생산된 녹차 긴압차(綠茶緊壓茶)인 타차(沱茶)를 가리킨다. 타차(沱茶)의 유래는 단차(團茶)로부터 발전되어 변화된 것으로 그 형태는 두터운 심장 모양과 같다.

사용되는 원료에 따라 '특급중경타차(特級重慶沱茶)', '중경타차(重慶沱茶)', '산성타차(山城沱茶)' 등 3종류가 있으며, 타차의 무게는 개당 250g과 100g, 50g인 것 3가지가 있다.

# 협주벽봉

**峽州碧峰**  녹차

호북성(湖北省) 의창시(宜昌市) / 별칭 : 벽봉차(碧峰茶)

질이 좋은 찻잎은 일아일엽(一芽一葉)으로 따며 등급이 내려가면서 일아이엽(一芽二葉)으로 딴다. 가늘고 길며 광택이 나는 짙은 녹색이다. 향기는 깨끗하고 좋으며 오래간다. 그윽한 맛으로 뒷맛이 깔끔하다. 탕색은 밝은 황매화색이다. 우린 후의 찻잎도 부드러운 녹색이다.

의창시(宜昌市)는 남북조시대(439~589년)에 협주(峽州)라고 불렸고 차의 생산지로 유명하였다. 당(唐)대에 차의 지역으로서 유명해졌고 피일휴(皮日休), 소동파(蘇東坡) 등 문인들에게도 사랑을 받았다. 차 생산은 정체된 적도 있었지만 1980년대에 역사적 기록에 근거하여 부활되었다.

# 차운산모첨

**車雲山毛尖**  녹차

호북성(湖北省) 수주시(隨州市)

곡우(穀雨) 전후로 잎을 따며 일아일엽(一芽一葉)은 특급 모첨이고, 일아이엽(一芽二葉), 일아삼엽(一芽三葉)으로 등급을 구분한다. 차운산(車雲山)은 호북, 호남 두 성의 경계 지점인 동백산(桐柏山) 구역에 위치하고 있으며, 이곳에는 곳곳에 울창한 나무며 맑은 시냇물이 항시 흐르고 있는데 매번 비가 올 때면 온 산들이 보일 듯 말 듯하다가, 비가 개인 뒤엔 뭉게구름이 산봉우리 사이에서 피어나는 모양이 흡사 수만 마리의 말들이 내리 치달리는 것 같기도 하고, 또는 차바퀴가 돌고 돌아가는 듯해서 차운산이란 이름을 얻게 되었다고 한다. 이곳에서 나는 모첨은 외형이 가느다랗고도 둥글게 쪽 곧은 것이 봉호(鋒毫)가 드러나 있다. 이곳에서 난 차는 역사가 오래되어 멀리는 청대 이전에 이미 차가 생산되었다.

PART Ⅱ. 녹차 · 105

# 천강휘백

**泉岡輝白**  　녹차

절강성(浙江省) 승주시(嵊洲市) 전강촌(前崗村) / 별칭 : 전강휘백(前岡輝白), 휘백차(輝白茶)

곡우(谷雨) 전에 일아일엽(一芽一葉)으로 딴다. 송(宋)대(968~975년)에는 단차(団茶)의 형태였고 태평흥국(太平興國) 2년(977년), 용과 봉황의 모양이 들어간 단차(団茶)로 황실에서 마시게 되었는데, 그것이 전차(磚茶)와 병차(餠茶)의 발단이 되었다.

　천강휘백(泉岡輝白)의 역사는 100년 이상 되며, 앞서 기술한 단차(団茶)의 영향에서 청(淸)의 초기 무렵에 현재와 같은 주차(珠茶)와 비슷한 형태가 되었다. 이 차는 해외에는 수출되지 않고 차의 형태는 옛날 그대로 지금까지 변함이 없다. 녹차 중에서도 소용돌이와 같은 모양을 한 특이한 모양을 하고 있다. 상쾌한 느낌이며 단맛이 난다.

# 청성설아

**青城雪芽** 녹차

사천성(四川省)

**청**명절 전 6~7일, 청명절 후 3~4일, 일아일엽(一牙一葉)을 표준으로 찻잎을 딴다. 살짝 구부러진 모양으로 백호(白毫)가 있으며 향기는 진하고 맛은 신선하고 농후하다. 청성산은 4계절이 뚜렷이 나타나고 비취빛의 숲과 아름다운 경관으로 '청성천하유(靑城天下幽)'라 하여 지상에서 가장 신비스러운 곳이라는 영예와 함께 역대 문인 묵객들의 사랑을 받았으며 도교 발원지의 하나로 건복궁, 조사전 등의 도교 유적지가 많다. 청성산은 천사도 또는 오두미도라 불리는 도교를 창시한 장도릉이 만년에 이곳에서 도를 이루고 천상으로 간 후로 천사도 교인들의 성지가 되었다. 청성산 명차인 청성설아는 1950년대에 만들어진 현대 명차로 송대(宋代)에는 헌상차(獻上茶)로 사용되었던 이곳의 고대명차생산기술을 발굴하여 그 특징을 발전시켜 완성시킨 것으로 3년 연속 사천성 우질 명차상을 받은 바가 있다.

PART II. 녹차 · 109

# 태평후괴

**太平猴魁**  녹차

안휘성(安徽省) 황산시(黃山市) 황산구(黃山區) / 별칭 : 홍사선

곡우(穀雨) 전후부터 입하(立夏)까지 일아이엽(一芽二葉)으로 확실히 자란 찻잎을 딴다. 비가 오는 날은 따지 않고 아침 서리가 온 때에 따고 날이 개면 끝내며, 위조를 가볍게 한 후 살청한다.

찻잎은 양 끝이 뾰족하며 곧고 긴 것이 특징이다. 백호(白毫)가 나 있으며, 색은 푸른기가 감도는 녹색이다. 잎맥이 많고, 달고 향긋한 맛이 나며, 상쾌한 꽃향기가 난다. 탕색은 깨끗하고 투명감이 있는 엷은 녹색으로, 차를 우린 후의 찻잎은 부드럽고 광택이 나는 황록색이다. 중국을 대표하는 명산 중의 하나인 황산(黃山) 북쪽에 위치하는 태평현(太平縣)에서 제조되는 녹차이다. 특히 태평후갱(太平猴坑) 일대의 비옥한 자연환경과 떫은맛이 강한 대엽종의 수종(樹種)으로 후촌, 후강, 안가 등지에서 생산된 것을 최고로 친다. 첨형 홍청 녹차 중에

서 으뜸으로 평가받으며 후갱에서 생산되는 차가 가장 좋다 하여 우두머리 '魁'라는 글자를 달아 '猴魁'라고 부른다. 특히 후갱 일대 차밭의 차 따는 시기에는 주변에서 자란 난꽃들이 만발하여 농후한 난꽃향이 자연스럽게 찻잎 속으로 스며들기 때문에 태평후괴에는 난꽃향이 배어있다. 태평후괴는 차색, 차향, 차맛, 외형이 독특할 뿐만 아니라, 차 따는 시기의 찻잎은 한 싹과 두 잎이 마치 피어난 난꽃과 같다.

1915년 파나마 만국박람회에 출품하여 대회 최고상인 1등 금상을 받은 후 세계적으로 명성이 알려지게 되었다. 탕색은 깨끗한 녹색을 띠고 있으며 입에 머금으면 농후하고 고상한 맛이 퍼져 나간다.

옛날에 황산시(黃山市) 황산구(黃山區)는 태평현(太平縣)이라고 했다. 황산(黃山) 일대의 차 재배지 중에서도 오래된 차 재배지 중의 하나이다. 1900년대 초기에 제조된 차이다. 후갱(猴坑)에 사는 왕괴성(王魁成)이라는 사람이 만들었기 때문에 이 명칭으로 불린다는 설도 있다.

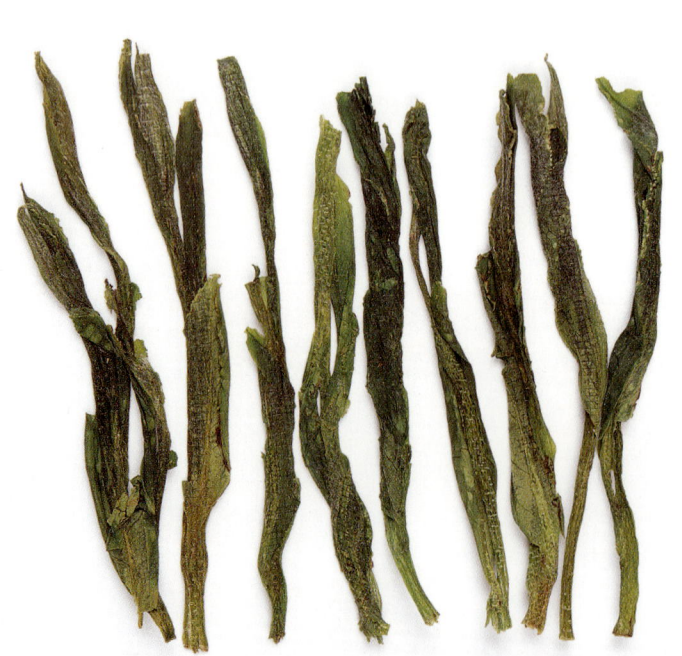

▶ 찻잎의 길이는
7~8cm이다.

# 태평후첨

太平猴尖 | 녹차

안휘성(安徽省)

# 화산은호

**華山銀毫**  녹차

섬서성(陝西省) 화산(華山)

화산(華山) 지방에서 생산되는 녹차이다. 외관은 가늘고 부드럽다. 색은 선명한 황록색을 띠고 있는데 물에 잠기면 엷은 비취색이 된다. 신록의 깊은 향에는 밤을 삶는 듯한 향을 숨기고 있다. 맛은 적당한 단맛이 나고 싱그러운 푸른기가 감돌아 매우 신선하다.

# 화산취아

**華山璀芽**  녹차

섬서성(陝西省) 화산(華山)

화산(華山) 지방에서 생산되는 녹차로 외형은 싹으로 된 침형으로 통통하고 부드럽다. 색은 선명한 취록색을 띠고 있지만 탕색은 옅은 비취색을 띤다. 여린 풀 향기가 그윽하고 익은 밤 향기가 난다. 맛은 부드럽고 고소하며 신선하고 단맛이 돈다.

4월 11일 전후로 화산은호를 채엽하여 만든 것을 화산취아라고 한다.

우린 잎(엽저, 葉底)

# 황산녹모란

**黃山綠牡丹**  녹차

안휘성(安徽省) 황산시(黃山市) / 수공예차

찻잎 하나하나의 줄기 부분을 묶어 꽃 모양을 하고 있는데 더운물을 부으면 찻잎이 확 퍼지면서 중국의 국화인 모란 형태가 된다. 이 차는 눈으로 즐길 수 있는데다 맛과 향기가 좋아서 인기가 많다.

# 황산모봉

**黃山毛峰** 녹차

안휘성(安徽省) 황산시(黃山市)

중국 녹차를 대표하는 명차의 하나이다. 청명절(淸明節) 전후부터 곡우(穀雨)에 걸쳐 일아일엽(一芽一葉) 내지 일아이엽(一芽二葉)으로 따기 시작한다. 1급은 청명 전후, 2~3급은 곡우 전후에 채집하여 만든다.

질 좋은 찻잎은 작설(雀舌) 모양을 하고 있으며 백호(白毫)가 있고 황록색으로 상아색을 띤다. 그윽한 향이 좋고 오래간다. 맛은 중후함이 있어 진하며 달고 향긋한 맛이다. 탕색은 투명감이 있는 황록색이다. 우린 잎은 연한 황색이다. 1857년부터 만들어지기 시작한 차이다. 중국을 대표하는 관광의 명소이며 가장 아름다운 산이라 일컫는 황산(黃山) 풍경구(風景區) 내의 해발 700~800m 되는 장소에서 딴 찻잎으로 제조하는 차이다. 그 중에서 흡현(歙縣) 휘주구(徽州區)에서 처음 만들어졌는데, 현재 차 재배지역은 넓다. 백호(白毫)가 많이 나 있고 잎이 산과 같다 하여 모봉(毛峰)이라는 이름이 붙여졌다. 중국 북부에도 옮겨져 호평을 얻고 있으며, 상해(上海)에서 유럽 사람들에게 좋은 평가를 받아 수출되면서 세계적으로도 높은 평가를 받고 있다.

백차는 살청을 하지 않는 것이 특징이다. 그렇기 때문에 위조과정에서 자연스럽게 약간의 산화가 진행되는 제다법을 사용한다. 백차는 주로 찻잎에 흰 털이 많이 나는 차나무 품종의 심을 따서 그늘에서 시들게 해서 만든다. 이것을 위조라고 하는데 이렇게 하면 천천히 자연스럽게 산화가 진행된다. 잎이 부드럽게 되어 차향이 날 때 기계로 건조시켜 완성한다. 백차는 주로 복건성에서 만들어지며 생산량이 적은 편이다. 몸의 독소를 제거하고 해열작용을 한다고 해서 중국인들은 한여름에 즐겨 마신다.

# III 백차 White Tea

## ◆ 백차의 제조공정

**채엽(采葉) - 위조(萎凋) - 건조(乾燥) - 완성**
백차에서 가장 중요한 공정은 위조이다. 백차의 가장 좋은 향기를 발산할 때까지 수분을 날려 주는데 이때 의도하지는 않았지만 약간의 발효가 일어나기도 한다.

◀ 실내 가온위조

◀ 안휘성에 있는 황산모봉 차밭

# 백모란

**白牡丹** 백차

복건성(福建省) 정화현(政和縣) 건양시(建陽市) 송계현(松溪縣) 복정시(福鼎市)

백모란은 차나무 품종에 따라서 대백차(大白茶)와 수선백차(水仙白茶)로 분류한다. 봄철에 일아이엽(一芽二葉)으로 따서 만드는 것이 기본이다. '삼백(三白)'이라고 하여 싹, 한 잎, 두 잎에 모두 각각 흰 솜털이 나 있다. 찻잎은 이끼와 같은 진한 녹색이며 회색빛이 보인다.

맛은 그윽하며 떫은맛이 적어 순하다. 탕색은 살구빛을 띤 투명감이 있는 황색이다. 차를 우린 후의 찻잎은 옅은 청회색이다. 건양시(建陽市)에서 처음으로 1920년대 전후에 만들었다. 그 후 정화현(政和縣)에서도 생산이 시작되었고 다른 곳에서도 생산되게 되었다. 푸른 잎 속의 흰 싹이 마치 모란꽃 같은 모양이라 이런 이름이 붙여졌다. 정화대백종(政和大白種), 복정대백종(福鼎大白種), 수선(水仙)이 사용된다. 홍콩 사람들이 특히 좋아하고 입에 머금으면 단맛도 느껴진다. 식사에 잘 어울리는 차로서 홍콩에서는 대중적이다.

# 백호은침

**白毫銀針** | 백차

복건성(福建省) 복정시(福鼎市) 정화현(政和縣) / 별칭 : 은침백호(銀針白毫), 백호후(白毫猴)

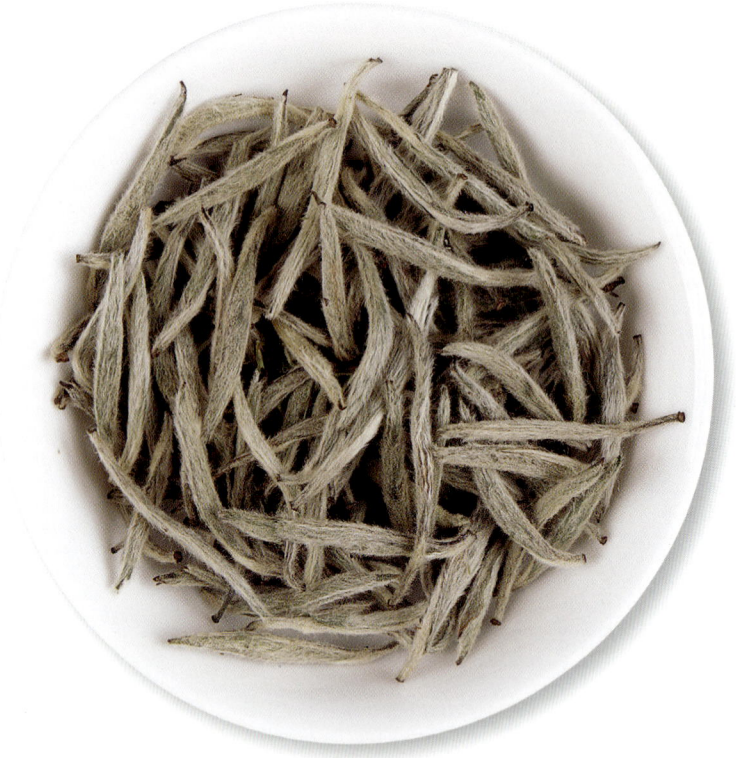

**백**차의 대표라고도 할 수 있는 차이다. 명전에 따는 봄의 첫 큰 싹을 가장 좋은 것으로 여긴다. 찻잎은 딴 후 통풍이 좋은 곳에서 시들게 한다. 성근 차는 '모침(毛針)'이라고도 한다. 찻잎은 싹이 크고 도톰하며 솜털로 덮여있고 올곧아서 바늘 같은 모양이다. 백호에는 은색의 광택이 있다. 향이 신선하고 차의 맛은 향기로우면서 개운한 맛이 난다. 차를 우리면 솜털이 뜨거운 물에 녹아 반짝반짝 빛난다. 유리잔으로 차를 마실 때는 찻잎의 뾰족한 끝이 위로 향해 있다가 서서히 밑으로 가라앉으며 곧게 서 있는데 그러한 모양을 감상하면서 마시는 즐거움이 있다.

청(淸) 가경(家慶)연간(1796~1821년)에 만들어진 차이다. 1850년대에는 복정대백종(福鼎大白種)이 개발되었고 점차 이 싹으로 만들어지게 되었다. 복건성 복정현 태모산(太姥山)의 중턱에서 생산되고 있다. 정화현에서는 1880년대에 정화대백종(政和大白種)이 개발되었고 이 싹으로 만들기 시작하였다. 현재에도 두 종류로 제조되고 있다. 백호은침은 은침백호(銀針白毫), 백호후(白毫猴)라는 명칭으로도 통용되어 불리고 있다. 백차 중에서 백호은침차는 대부분 역대 황제의 헌상품으로 지정되었다. 제조공정은 잎을 분리하고 난 뒤 실내에서 위조한 뒤 쬐어 말리기(흐린 날씨에 실내에서 자연적으로 시들게 한 후 중량이 30% 감소되면 완전히 건조될 때까지 약한 불에 쬐어 건조)의 3가지 방법이 있다. 차는 식힌 후에 포장한다. 제조공정 중에 유념과정이 포함되어 있지 않아서 우러나는 속도가 느리다. 시간을 들여 우리면 좋다. 신체의 열을 없애는 효능이 있다고 한다.

백호은침

호접부인(蝴蝶夫人)

# 수미

**壽眉** 　백차

복건성(福建省) 건양시(建陽市)

백호은침에서 품질이 좋은 것은 백호(白毫)가 있는 것이 대부분이지만, 일반적으로는 녹색과 백호(白毫)가 서로 섞여 있다. 향긋하고 개운한 맛이 나며 향기는 신선하다. 시중에는 상당히 발효된 찻잎이 섞여 있는 것처럼 보이기도 하지만 약간만 발효된 것으로, 차를 우린 후의 찻잎은 녹색이고 잎맥 부분과 주변이 조금 붉은색으로 발효되어 있는 것을 볼 수 있다. 복건성(福建省)의 대표적인 차종인 정화대백종(政和大白種), 복정대백종(福鼎大白種) 등의 잎을 사용하며 백호은침(白毫銀針) 등을 만들기 위해 따낸 후의 찻잎으로 제조된다. 성장한 큰 찻잎을 사용하기 때문에 미용에 좋은 성분이 들어있다 하여 특히 여성에게 인기가 많다. 질 높은 것을 공미(貢眉), 그 아래 등급의 것을 수미라고 불렀지만 현재는 수미(壽眉)만 남아 있다. (사진, 야생품종의 수미)

녹차와 홍차의 장점을 동시에 가지고 있다. 청차라는 이름은 제조과정 중에 찻잎이 은색을 띠는 청색으로 변하기 때문에 붙여진 것으로, 찻물은 청색이 아니라 누런빛을 띤다. 산화의 진행을 조금만 시킨 포종차와 홍차에 가깝게 발효시키는 백호오룡차 등으로 발효 정도에 따라 차의 맛이 다양하다. 우리나라에 잘 알려진 유명한 차로는 오룡차, 무이암차, 봉황단총, 철관음 등이 있는데, 그 중 오룡차는 오룡이라는 품종의 차나무 잎으로 만든 청차를 말한다.

# IV 청차
## Oolong Tea

### ◯ 청차의 제조공정

채엽(采葉) - 위조(萎凋) - 정치·요청(搖靑) - 살청(殺靑) - 유념(揉捻) - 건조(乾燥) - 완성

봉황단총의 전통적인 요청작업 ▶

대만 오룡차 밭 ▶

# 대우령

**大禹嶺** · 청차

대만(台湾) 남투현(南投縣)

대만에서 생산되는 오룡차 중에서 가장 고산(高山)지역에서 생산되는 차의 종류 중에 하나이다. 일아삼엽(一芽三葉)을 기본으로 하며 일 년에 두 번 생산하는 차로서 봄차는 5월 말에서 6월 초에 생산하고 가을차는 9월 말에서 10월 초에 생산된다.

  대만의 오룡차는 중부지역에서 전체 생산량의 90% 이상의 비중을 차지하며 지역은 대중현(臺中縣), 남투현(南投縣)이다. 대우령의 위치는 대만에서 중앙산맥을 타고 다시 뻗은 합환산(合歡山, 최고봉 약 3,200m)의 산줄기에 있다. 이 산줄기가 대우령이며 이 지역에서 생산되는 차를 이 산봉우리의 지명으로 대우령이라고 한다. 보편적으로 해발 2,400m ~2,700m 사이의 해발에 차가 생산되고 있으며 차를 생산하는 농장은 2006년 현재 3군데 있다.

# 대홍포

**大紅袍** | 청차

복건성(福建省) 무이산시(武夷山市)

4월 중순에서 5월 초까지 일아이엽(一芽二葉) 내지 일아삼엽(一芽三葉) 상태의 찻잎을 따서 만든다. 전통방식으로 가공한 차를 3홍7록(三紅七綠)이라 하여 가장자리 색깔은 붉고, 찻잎 중앙의 색깔은 녹색을 띠도록 발효를 진행시켰으나 현재는 발효 정도를 가볍게 하여 차를 만들고 있다. 탕색은 등황색을 띠며 암차(岩茶) 특유의 향기가 있다.

무이4대암차(武夷四大岩茶)는 대홍포, 철라한, 백계관, 수금귀라고 할 수 있는데 대홍포가 무이암차를 대표하는 차이다. 무이산의 천심암(天心岩)의 구룡과(九龍窠) 암벽에 있는 6그루의 차나무는 전설적인 존재이다. 현재는 여기에서 무성번식된 차나무가 무이산 여러 지역의 다원에 보급되어, 대홍포의 생산량이 한층 더 증가되었다. 엽저(葉底)는 홍변선명(紅邊鮮明)이라 하여, 찻잎이 부드럽고 균일하면서도 가지런하다.

PART IV. 청차 · 135

# 동정오룡

**凍頂烏龍**　청차

대만(台湾) 남투현(南投縣) 녹곡향(鹿谷鄉)

일아이엽(一芽二葉) 또는 일아삼엽(一芽三葉)으로 딴다. 4월 하순~5월에 딸 수 있는 봄차와 11월~12월 상순에 딸 수 있는 겨울차는 맛은 달고 향기는 높다는 평가를 받고 있다. 차의 외형은 둥글게 말려 있으며, 찻잎의 색은 푸른빛이 감도는 녹색이다. 탕색은 녹색이 감도는 황금색이다. 꽃향기가 나서 깔끔하다. 또한 이전에는 발효를 많이 시켰으나 요즈음은 발효를 낮게 하여 '청향(淸香)'인 것이 대부분이 되었지만, 아주 깊은 밀향을 내는 차도 있다.

대만을 대표하는 차로서 오룡차 중 제일 먼저 전 세계적으로 이름을 떨쳤고 중국의 10대 명차 반열에 올랐던 차이다. 대만의 오룡차 중에서는 비교적 해발고도가 낮은 지역에서 생산되고 있으며 그만큼 광범위하게 생산되고 있다.

PART Ⅳ. 청차 · 137

# 모해

**毛蟹** | 청차

복건성(福建省) 안계현(安溪縣) 복미촌(福美村) 대구륜(大丘侖) / 별칭 : 모외(毛外), 명화(茗花)

민남오룡차 종류이며 일아이엽(一芽二葉) 내지 일아삼엽(一芽三葉)의 찻잎으로 차를 만든다. 차를 만든 후 차의 외형은 둥글게 말려 있으며 나선 모양이다. 머리가 크고 꼬리가 작은 형태로서 싹 부분에는 흰색이 비친다. 찻잎은 거무스레한 녹색으로 광택이 약간 있다. 시원하고 짙은 향기(淸香)가 나며 맛은 맑고 순수하며 우린 잎은 테두리에 붉은색을 띤다. 이 품종은 중엽종 관목으로 잎 모양은 타원형이고 잎 끝은 뾰족하고 잎 면은 반듯하다. 잎 색깔은 짙은 녹색이고 찻잎 표면은 두껍고 부드러우며 잎 변두리에는 예리한 톱니가 나 있다. 잎 뒷면에는 백색의 털이 많이 나 있고 떡잎은 튼튼하고 나무줄기는 굵으며 마디가 짧다. 한 해에 5~6회 채집이 가능하다. 이 품종은 또한 환경적응성, 항역성이 강해 재배하기 쉬우며 생산량도 비교적 높다.

PART IV. 청차 · 139

# 목책철관음

**木柵鐵觀音** | 청차

대만(台湾) 대북시(台北市) 문산구(文山區)

대만(台湾)의 철관음차로서 묵직하고 농후한 차향과 상쾌한 맛이 나는 반발효(半發酵)로 생산되는 차이다. 보편적으로 봄차와 가을차로 나누어서 일 년에 두 번 생산된다. 차의 외형은 둥글게 말려 있으며 여러 번 반복해서 홍배를 하는 것이 특징이다. 홍배의 영향으로 잔향이 단 것도 특징이다. 탕색은 오렌지빛 황금색을 띤다. 특히 목책철관음의 홍배는 연기가 나는 숯을 쓰므로 탄배라고도 한다.

청(淸)대, 광서(光緖)연간(1875~1909년)에 복건성(福建省) 안계현(安溪縣)에서 철관음종(鐵觀音種)을 장내묘(張迺妙) 형제가 목책에 옮겨 심어 재배한 것이 시초라고 한다.

안계철관음(安溪鐵觀音)의 제다법을 이어받아, 발효 정도를 높게 하는 전통적인 가공방법을 유지하고 있다.

PART Ⅳ. 청차 · 141

# 무이수선

**武夷水仙** 청차

복건성(福建省) 무이산(武夷山)

무이산(武夷山)의 수선(水仙)은 '무이수선'이라고 하며 그 외의 민북수선(閩北水仙)은 복건성 북부지역의 수선종을 반발효(半發酵)시켜 만든 차이다. '민(閩)'이란 글자는 복건성을 이르는 약칭이다. 청(淸)의 도광(道光)연간인 1820년대 초에 처음 만들기 시작하였다. 복건성 건양(建陽)이 최초로 차를 만들기 시작한 지역이다. 봄차를 비롯하여 일 년에 4번 어느 정도 자란 잎을 딴다. 차를 만들었을 때 차의 외형은 조형으로서 나뭇가지처럼 길쭉한 형태이다. 최근에는 민남(閩南)의 반발효차와 같이 둥글게 한 것도 있다. 색은 광택이 나는 검은빛을 띠는 녹색이다. 깊이가 있는 그윽한 맛은 끝맛도 좋다. 난처럼 깨끗한 향이 난다. 엽저(葉底)는 잎이 부드럽고 맑으며 광택이 나고 토실토실하다. 찻잎 가장자리에 주청으로 인하여 발효된 아름다운 붉은색을 띤다. 특급, 1급, 2급, 3급으로 분류한다.

PART Ⅳ. 청차

# 문산포종차

**文山包種茶** | 청차

대만(台湾) 대북시(台北市) 문산구(文山區) / 별칭 : 청차(淸茶)

일아이엽 내지 일아삼엽으로 딴다. 유념은 가늘고 길게 한다. 찻잎의 색은 진한 녹색이다. 난향의 향기가 나며 오랫동안 여운이 남는다. 후운은 깔끔하며, 뒷맛은 달다. 탕색은 황록색이다. 차를 우린 후의 찻잎은 선명한 녹색이다.

  녹차에 가까울 정도로 약하게 발효시켜 만든 차로 150년 전에 복건성 안계현에서 만든 차를 종이에 싸 놓았는데 그래서 '포종차(包種茶)'라는 이름이 붙여지게 되었다. 복건성(福建省)에서 가져와 대만에서 개량종을 완성했다. 현재는 다양한 차종을 사용한다. 봄차와 겨울차가 좋다는 평가를 받고 있으며 봄차는 3월 중순부터 5월 상순까지, 겨울차는 10월 하순부터 11월 중순까지 딴다.

▶ 세월이 많이 지난 노차

# 반천요

**半天腰** | 청차

복건성(福建省) 무이산(武夷山)

반천요는 구룡과 삼화봉 산 중턱에서 자라며 원명은 반천요(半天妖)이다. 명나라 영락(永樂)연간, 천심령(天心嶺) 낙선사의 주지스님은 어느 날 밤에 눈처럼 새하얀 새매 한 마리가 부리에 반짝이는 보석을 물고 있다가 독수리한테 쫓기자 그만 보석을 삼화봉 산 중턱에 떨어뜨리는 이상한 꿈을 꾸었다. 꿈이 너무도 신기해 주지스님은 승려 한 명에게 명해 직접 찾아가 보도록 했다. 승려는 갖은 고생 끝에 산 중턱까지 올랐다가 옆으로 삐쳐나온 암벽 위에서 녹색의 차나무 종자 한 알이 이미 싹트고 뿌리를 내리는 것을 보았다. 승려는 그 종자를 조심스럽게 가져다가 주지스님께 바쳤다. 주지스님은 그 종자를 정성들여 재배해 싹 틔운 뒤 승려에게 명해 원래 암벽 위에 옮겨 심도록 했다. 따라서 이 종자는 새매가 삼화봉 산 중턱에 심은 것이라 하여 반천요(半天妖)라 명했다.

PART IV. 청차 · 147

# 백계관

白鷄冠  청차

복건성(福建省) 무이산시(武夷山市)

5월 중순경 일아이엽(一芽二葉) 내지 일아삼엽(一芽三葉)의 상태로 딴다. 발효는 암차(岩茶)의 특징인 잎이 3할 정도 붉은색으로 변하는 '삼홍칠록(三紅七綠)'의 수준으로 한다. 여러 번의 홍배를 하여 마무리하면 암차 특유의 '암운(岩韻)'이라고 일컬어지는 좋은 잔향을 갖게 한다. 무이 4대암차(武夷四大岩茶) 중의 하나로 명(明)대부터 유명했다. 무이산(武夷山) 혜원사(慧苑寺)의 승려가 다원을 손질하고 있을 때에 닭이 우는 소리가 들렸다. 매가 병아리를 덮쳤는데 그것을 어미 닭이 지키면서 매를 쫓아냈지만 결국 어미 닭은 죽게 되었다. 승려는 불쌍히 여겨 다원에서 장사를 지냈다. 이듬해 봄, 한 그루의 차나무의 찻잎이 흰 바탕에 옅은 자색을 띠고 있었다. 잎은 닭의 벼슬처럼 위를 향하여 말려 있었고 빛을 내고 있었다. 그래서 이와 같은 이름이 붙여졌다고 한다.

▶ 물에 약간 젖은 잎

# 백호오룡(동방미인)

**白毫烏龍** 청차

대만(台湾) 신죽현(新竹縣) / 별칭 : 동방미인(東方美人), 향빈오룡(香檳烏龍)

소록엽선(小祿葉蟬)이라는 곤충이 줄기부분의 수분을 빨아 먹어 제대로 자라지 못한 찻잎을 일아이엽(一芽二葉)으로 딴다. 곤충의 진액이 차를 만들었을 때 독특한 맛과 향을 낸다고 한다.

찻잎은 가늘게 유념(揉捻)되었으며 찻잎의 색상은 홍색, 황색, 녹색, 백색, 흑색 등의 오색이 섞여있다. 백호가 많은 것이 특징이며 차의 향기는 상큼한 과일향 혹은 벌꿀 향기가 나고 부드럽고 단맛이다. 오렌지빛이 감도는 맑은 등황색을 띤다. 차를 우린 후의 찻잎은 적갈색이다. 청차 중에서 가장 많은 발효를 시킨 차이다. 무이암차를 기초로 하여 만들어지기 시작하였으며 대북(台北) 근처의 문산(文山) 차 재배지에서 처음 만들어지기 시작하였다. 1860년대 이후 수출되어 해외에서도 좋은 평가를 받고 있다.

▶ 물에 약간 젖은 잎

# 본산

**本山** 청차

복건성(福建省) 안계현(安溪縣) 서평 / 별칭 : 원성종(圓醒種)

현재 생산되는 지역은 서평, 호구, 봉래, 상경(尙卿), 장갱(長坑), 노전(蘆田) 등의 진(鎭), 향(鄕)에서 생산된다. 이 품종은 1870년에 원성(圓醒)이라는 사람이 최초로 발견했다 하여 원성종(圓醒種)이라고도 한다. 본산은 중엽종 관목의 품종이다.

찻잎은 4월 초부터 따기 시작하며 일아삼엽(一芽三葉)의 찻잎을 따 차를 만든다. 차의 외형은 비교적 두껍고 무거우며 잎줄기 밑부분은 비교적 크다. 잎줄기는 가늘고 붉은 광택이 나며 색깔이 까맣고 윤기가 난다. 향기는 철관음과 같은 음운이 있으며 짙은 향기가 오래가고, 맛이 시원하며 맑은 가운데 약간 시고 단맛이 섞였다. 본산은 1984년에 중국 차나무양질품종평가심사대회에서 중국 양질차나무품종으로 선정되었다.

PART Ⅳ. 청차 · 153

# 봉황단총

**鳳凰單欉**　청차

광동성(廣東省) 조주시(潮州市)

**봉**황산에서 봉황수선의 품종으로 찻잎을 한 그루씩 따로 채엽하여 만들고 다른 찻잎을 섞지 않기 때문에 이 이름이 붙여졌다. 채엽 표준은 주아(駐芽) 일초 중계면2, 3엽의 품질이 비교적 좋다. 생엽의 생화학 특성과 완성된 차의 품질은 생엽 중 에테르의 침출물 함량이 비교적 높아, 단총차 향기를 형성하는 물질 성분의 기초가 된다. 찻잎은 크고 가늘며 검은 빛을 띤 진녹색이며, 윤기가 나고, 천연의 꽃향기, 과일향과 같이 종류도 많고, 향긋하다. 차나무 잎의 모양, 향 등으로 차의 이름이 정해지며 종류가 많아 80가지가 넘는다고 한다.

　단총의 종류 중에 가격이 비싼 고급차는 차의 이름 뒤에 송종이라고 붙는데 이는 송나라 때 발견된 차나무를 송차, 이 나무에서 번식된 차나무를 송종이라고 하여 이러한 차나무에서 딴 찻잎으로 차를 만들었을 때 송종의 이름이 뒤에 붙는다.

## 봉황단총 빙차(鳳凰單欉 氷茶)

차를 완성할 때 반드시 차를 건조하여 차의 수분함량을 낮추는데 빙차는 유념과정까지의 작업만 하고 건조과정을 생략하여 냉동보관한 차이다.

차의 향기는 홍배를 하지 않았기에 상큼하면서 차 본래의 향기를 그대로 지니고 있다.

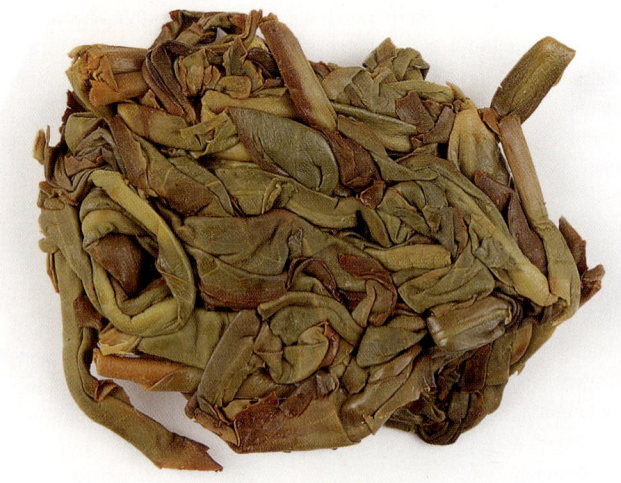

## 봉황단총 오동지역 차
### (鳳凰單欉 烏山東村 茶)

봉황산 오동촌(烏山東村)은 200년 이상 된 봉황단총이 3,700그루 있으며 400년, 500년, 600년 된 나무가 자라고 있는 청정 지역이다.

# 봉황단총 산가협향(鳳凰單欉 山茄叶香)

## 봉황단총 팔선향(鳳凰單欉 八仙香)

원이름은 팔선과해(八仙過海)이다. 1898년 오동(烏崠) 이자평촌(李仔坪村)의 차 재배농민 문혼(文混)이 '거자료(去仔寮)'촌에서 대오엽단총(大烏葉單欉)의 나뭇가지를 가져다가 접붙여서 재배한 결과 여덟 그루의 차묘(茶苗)가 살아나 다른 지리조건의 다원(茶園)안에 나눠 심었다. 여덟 그루가 자란 후에 나무의 형태만 조금 다를 뿐 모주(母株)의 우량종성은 그대로 유지하여, '거자료'종이라 했다. 1958년 봉황차엽 구매소 소장 우병회(尤炳回)동지 일행이 이 그루를 시찰했다. 농민에 말에 의하며, 이 여덟 그루의 차나무는 동일한 계절과 시간에 따서 만들어낸 차의 질량이 모두 한 모양이라고 한다. 우(尤)씨가 듣고 감개하여 말하기를: "마치 여덟 신선이 바다를 건너는 듯(八仙過海) 각자가 신통력을 발하는 것과 같구나." 이 때문에 '거자료'종을 고쳐 팔선과해라고 했으며, 훗날 간단하게 팔선단총이라고 불렀다.

## 봉황단총 밀란향(鳳凰單欉 蜜蘭香)

## 봉황단총 계화향(鳳凰單欉 桂花香)

계화향단총(桂花香單欉)은 완제품에서 계화향(桂花香)의 맛으로 인해 얻어진 이름이다.

**품질특성:** 가닥이 돌돌 말린 게 크고 무거우며, 흑갈색에 윤이 번지르르하다. 자연적인 지란화(芝蘭花)의 향과 맛을 구비, 향기가 높고 강렬하며 오래 지속된다. 그러나 재배과정 중에 우연하게 기온과 습도가 급격히 변해서 계화향이 됐다. 탕색은 밝은 황금색에 독특한 운미(韻味)로 시원한 맛과 회감력(回甘侵)이 좋아서 오랫동안 우려낼 수 있다.

   1999년 9월 중국국제농업 박람회에서 명품 제품상, 1998년 제1회 중국(국제)차박람회에서 교역회(交易會) 금상을 획득했다.

# 사계춘고산차

四季春高山茶 | 청차

대만(台湾) 남투현(南投縣) / 별칭 : 대두휘자(大頭輝仔)

 **차**의 가격이 비교적 저렴하며 대만의 오룡(台灣烏龍)차 중에서는 비교적 새로운 품종이다. 찻잎은 황록색이 섞인 녹색이며 구형으로 말려 있다. 찻물의 색깔은 찻잎과 마찬가지로 황록색이다. 꽃과 같은 부드러운 맛 속에 향이 있다. 부드러운 맛이 특징이고 목넘김이 깔끔하다. 원래는 대중적으로 많이 소비할 수 있는 차이며 생산되기 시작한 시기는 얼마 되지 않은 새로운 품종이다. 차의 외형은 둥글게 말려 있으며 탕색은 황록색을 띠며 꽃과 같은 부드러운 맛이 나며 향기가 높다.

 사계춘은 목책의 茶農 대두휘(大頭輝)의 차원에서 발견되었으나 남투현 名間의 차농(茶農)인 이채운(李彩云)이 상품화시키면서 사계춘이라고 차의 이름이 정해졌다.

# 수금귀

**水金龜** 청차

복건성(福建省) 무이산시(武夷山市)

무이암차를 대표하는 4대암차(武夷四大岩茶) 대홍포(大紅袍), 철라한(鐵羅漢), 백계관(白鷄冠), 수금귀(水金龜) 가운데 하나이다.

　5월 중순경에 일아이엽(一芽二葉) 내지 일아삼엽(一芽三葉)의 상태로 따며 전통방식으로 제다하게 되면, 잎이 3할 정도 붉은색으로 변하는 '삼홍칠록(三紅七綠)'으로 암차(岩茶) 특유의 발효 정도에 따라 가공한 후, 마지막에 여러 번의 홍배를 한다. 그렇게 함으로써 암차(岩茶)의 독특한 잔향, 즉 '암운(岩韻)'이라고 일컬어지는 달고 고상한 향기를 갖게 된다. 최근에는 무이산 주요 풍경구를 외국기업들이 100년간 장기임대한 개첩집단에서 생산하여 자국으로 유통시키기도 한다.

PART IV. 청차

# 아리산오룡

阿里山烏龍　청차

대만(台湾) 가의현(嘉義縣) 아리산향(阿里山鄉)

아리산은 대만 오룡차의 산지가 분포되어 있는 중부지역의 남쪽에 위치하고 있다. 차가 생산되는 해발은 보편적으로 1,800m 이하에 차밭이 분포되어 있다. 대만 오룡차는 고산차라고 명명할 때는 해발 1,000m 이상의 다원에서 생산된 차는 고산차라고 하므로 아리산오룡 역시 고산오룡에 속한다. 차의 명산지 중의 하나로 해발고도 1,500m 이상에 차원이 분포되어 있다. 봄에 딴 것이 품질이 가장 좋으며 맛은 감미롭고 향기가 높다. 일반적으로 청심오룡의 품종으로 만든 차가 가장 많다.

PART Ⅳ. 청차 · 167

# 안계철관음

**安溪鐵觀音** 청차

복건성(福建省) 안계현(安溪縣) / 별칭 : 홍심관음(紅心觀音), 홍양관음(紅樣觀音)

안계철관음은 일아이엽(一芽二葉), 일아삼엽(一芽三葉)을 기준으로 딴다. 해발 정도에 따라 생산주기가 달라진다. 많게는 4~5차례 정도 생산으로 나눌 수가 있으며 그 중 품질은 봄차가 가장 좋고 생산량도 45~50%를 차지한다. 가을차가 그 다음으로 좋다고 할 수 있는데 그 향기가 특히 짙어서 속칭 추향(秋香)이라고 한다. 기본적으로 무이암차와 같은 제조방법을 쓰지만, 무이암차보다 위조 정도가 비교적 낮고, 발효 정도가 가볍다. 살청 후에 천으로 싸서 포유하여 외형이 잠자리 머리 형상을 하고 긴밀하고 단단하기 때문에 보관과 운송이 편리하다. 차의 향기가 시원하면서 상큼하고, 또한 뒷맛은 달기 때문에 처음 차를 접하는 초심자나 여성들이 특히 좋아하는 차이다.

# 안계황금계

**安溪黃金桂** | 청차

복건성(福建省) 안계현(安溪縣) / 별칭 : 황금귀(黃金貴), 투천향(透天香)

일아이엽(一芽二葉) 내지 일아삼엽(一芽三葉)으로 딴다. 황염(黃棪)이라고 하는 차 종류이며 철관음(鐵觀音)과는 다른 풍미가 있다. 제다 후 차의 외형은 가늘고 길게 유념(揉捻)된다. 색깔은 황금색이라고 일컬어지는데 실제로는 검은빛을 띠는 녹색이다. 탕색은 황금색이다. 그 향은 배, 금목서(金木犀) 등에 비유된다. 봄차를 제일로 여기지만 가을차도 좋다.

유래로 여러 가지 설이 있다. 청(淸)의 함풍제(咸豊帝)시대(1850~1861년), 안계나암촌(安溪羅岩村)의 한 농부가 북계천변령(北溪天边嶺)을 지날 때에 한 그루의 진귀한 차나무를 발견하여 그것을 가져다가 길렀다. 차를 만들어 마시고자 하니 뚜껑을 열기 전부터 향이 났다고 하는 등 그 향의 우수함에 대해 예로부터 좋은 평가를 받았다고 전해지고 있다.

PART IV. 청차 · 171

# 영춘불수

**永春佛手**  청차

복건성(福建省) 영춘(永春縣) / 별칭 : 영춘향연(永春香櫞)

**봄**에 돋는 새싹은 자홍색을 띠고 오후에 찻잎을 따서 저녁 무렵에 제다를 한다. 발효는 약하게, 유념은 강하게 민남 반(半)발효차의 제법으로 하여 민북 제다법의 장점만을 살려서 차를 만든다. 향기는 강하고 짙으며 탕색은 황금색 계통으로 투명감이 있다. 불수(佛手)라는 이름이 붙여진 유래는 싹이 부처의 손등 모양과 비슷하기 때문이라고 한다. 별칭인 '향연'은 부처 손등의 별칭이 향연감이라서 붙여졌다. 홍아불수(紅芽佛手)와 녹아불수(綠芽佛手)가 있으며 영춘(永春)이라고 하는 것의 대부분이 홍아(紅芽)이다. 청(淸)의 강희(康熙) 연간(1662~1723년)에 만들어졌다는 설도 있는데 1910년대 말 안계(安溪)에서 옮겨 심어 호항산(虎巷山)에 심은 불수(佛手)가 시초라고 한다. 1930년대 동남아시아의 화교 사이에서 높이 평가되었고, 1980년대부터는 급속히 생산량이 증가하였다.

PART Ⅳ. 청차 · 173

# 육계

**武夷肉桂** · 청차

복건성(福建省) 무이산시(武夷山市) / 별칭 : 육계(肉桂), 옥계(玉桂)

무이암차의 대표적 4대 명차에는 속하지 않지만 비교적 생산량이 많고 소비자들이 즐겨 찾는 차이다. 육계(肉桂)의 차나무는 무이산(武夷山) 혜원사(慧苑寺) 혹은 마진봉(馬振峰)에서 발견되었다고 하며 청(淸)대에 이미 유명한 차였다.

찻잎은 길쭉한 타원으로 도톰하고 검은빛을 띤 녹색으로 광택이 난다. 차를 4번 내지 5번 우려도 맛이나 향기의 변화가 없다. 맛은 깊이가 있지만 순하고 뒷맛이 깔끔하고 향기는 오랫동안 남는다. 탕색은 투명한 오렌지 계열의 황색이다. 육계(肉桂)의 향이 나기 때문에 이 이름이 붙여졌다고 한다. 엽저(葉底)는 홍변명현(紅邊明顯)이라 하며, 찻잎이 부드럽고 맑으며 광택이 나고 토실토실하다. 균일하고 가지런하며 찻잎의 가장자리에 붉은색이 선명하다. 품평에서는 특급, 1급, 2급으로 분류한다.

# 철라한

**鐵羅漢** 청차

복건성(福建省) 무이산시(武夷山市)

5월 중순경에 일아이엽(一芽二葉) 내지 일아삼엽(一芽三葉)으로 따서 차를 만든다. 찻잎이 3할 정도 붉은색으로 변하는 발효도에 해당하는 '삼홍칠록(三紅七綠)'으로 가공된다. 마지막으로 여러 번 홍배(烘焙)함으로써 암차(岩茶) 특유의 '암운(岩韻)'이라고 불리는 좋은 잔향을 내게 한다. 현재에는 고목에서 이루어지는 번식이 무이산시(武夷山市) 찻잎 연구소의 차밭에서 행해지고 있으며 각지에 이식되었지만, 그 생산량이 적어서 귀한 차이다. 찻잎이 큰 품종으로 강하고 농후한 맛이 나며 향도 뛰어나다. 무이4대암차(武夷四大岩茶) 중의 하나이다. 대홍포(大紅袍), 백계관(白鷄冠), 수금귀(水金龜)와 함께 무이암차(武夷岩茶) 중에서 가장 유명하고 널리 알려진 차이다. 남송 주희[朱熹, 주자(朱子), 1130~1200년]의 서적 속에도 등장한다고 한다.

# 장평수선

**水仙餅茶** · 청차

복건성(福建省) 장평현(漳平縣) / 별칭 : 오룡차긴압차(烏龍茶緊壓茶), 지포차(紙包茶)

장평수선은 복건성 장평이라는 지역명과 차나무 품종에 의해 붙은 이름이다. 제다법은 다 자란 3~4엽의 비교적 큰 잎을 따서 대나무 채반에 널어 햇볕에 찻잎의 수분을 10% 정도 증발시킨 후 실내 위조를 하는 순서로 제다 공정이 진행된다. 민남 오룡과 민북 오룡의 제다법을 함께 가지고 있는 것이 특징이다. 옛날의 장평수선은 손으로 빚어서 둥글게 만들었는데, 그 모양과 크기가 같지 않다는 폐단이 있었다. 오늘날의 제다는 찻잎을 따서 차를 만든 후 증기에 쪄서 작은 정사각형 나무로 만든 병차(餅茶) 모형의 틀에 넣어 만들었기에 수선차병(水仙茶餅)이라고 하며, 종이에 싼 모양이기에 지포차(紙包茶)라고도 한다. 또 눌러서 만들었기에 긴압차(緊壓茶)라고도 하고, 만들어진 차색을 보고 삼색차(三色茶)라고도 한다. 장평수선의 변 길이는 5cm, 두께 1cm이며 무게는 9~10g인 사각형으로 긴압(긴압사방형)한다.

장평현에서 차나무 수령이 60년 된 수선품종

전 세계적으로 사랑받고 있는 홍차는 찻잎을 완전발효시켜 만든다. 뜨거운 물을 부으면 붉은 물이 우러난다. 그래서 동양에서는 홍차(紅茶), 서양에서는 흑차(Black Tea)로 불린다. 가공방법으로는 잎차를 가공해서 만드는 경우와 찻잎을 잘게 파쇄하여 만드는 경우가 있다. 잎차형은 향이 뛰어나기 때문에 차호에 우려 마시고 파쇄형은 맛과 탕색이 진해 티백의 원료로 사용된다.

# V 홍차 Black Tea

## ◆ 홍차의 제조공정

채엽(采葉) - 위조(萎凋) - 유념(揉捻 : 또는 유절<揉切>) - 발효(醱酵) - 건조(乾燥) - 모차(毛茶) - 선별(選別) - 완성

◀ 유념공정 후 찻잎 선별로 등급 나누기

무이산 차밭 ▶

# 금준미

**金駿眉** 홍차

복건성(福建省) 숭안현(崇安縣) 성촌진(星村鎭) 동목촌(洞木村)

금준미는 세계 홍차의 발원지이자 무이산 국가급 중점 자연보호구역 내 방원(方圓) 565㎢의 원생태고산차수(原生態高山茶樹)에서 아(芽)만 채취하여 만든 것이 가장 큰 특징이다. 2005년 필자가 동목촌 정산소종 홍차 24대 전승자 강원훈(江元勳) 씨를 만났을 때, 품평실에는 금준미와 은준미, 동준미가 있었고 강원훈 씨가 기획해서 만든 차라고 했다. 현재 금준미를 생산하는 대표적인 회사는 정산당이며 대표는 양준덕 씨다. 2005년, 1근에 1500위안, 은준미는 800위안으로 금준미는 특별한 가격대를 유지하고 있었다. 다음에 갔을 때는 2500위안이며 동준미는 보이지 않았다. 양준덕 씨는 당시 공장장으로 있었는데, 오늘날 금준미를 대표하는 정산당의 대표이다. 필자가 이렇게 설명을 하는 것은 다른 차들에 비해 역사가 매우 짧은데 중국식 명품 마케팅이 성공한 대표적인 사례로 본다.

# 기문홍차

祁 紅　　홍차

안휘성(安徽省) 기문현(祁門縣) / 별칭 : 기문홍차(祁門紅茶), 기문공부홍차(祁門工夫紅茶)

찻잎은 윤이 나는 흑색이다. 일아이엽(一芽二葉) 내지 일아삼엽(一芽三葉)으로 따는 전발효차(全發酵茶)이다. 기홍은 기문홍차(祁門紅茶)의 약칭이다. 기문현이 주요 산지로 봄부터 따며 여름차는 높은 평가를 받고 있다. 탕색은 투명감이 있는 붉은색이다. 짙은 향기가 유란향 같이 오래 유지됨으로 해서, 국제차계(國際茶界)로부터 '기문향'이란 명예로운 칭호를 받았다. 기홍은 인도의 다즐링, 스리랑카의 우바 등과 함께 세계 3대 고향홍차(高香紅茶)로 일컬어지고 있다.

1915년에는 파나마 태평양 만국박람회에서 금상을 수상하여 세계적인 평가를 얻었고 영국에서는 귀족이 즐겨 마셔서 크게 유행하기도 하였다. 이러한 기문홍차는 오랜 역사를 가지고 있으며, 청나라 광서 이전에는 녹차가 생산되었다고 한다.

# 의흥홍차

**宜興紅茶** | 홍차

강소성(江蘇省) 의흥시(宜興市)

의흥홍차는 양이홍차(陽羨紅茶) 또는 양선홍차(陽羨紅茶)라고도 한다. 오늘날 자사호로 유명한 의흥지방에서 만든 홍차이다. 의흥은 이미 당나라 때부터 차의 고장으로서 더욱 명성을 얻었다. 다른 홍차와는 달리 이른 봄에 여린 싹을 따서 만든다. 의흥홍차는 꽃향, 과일향들이 어우러져 내는 독특하고 깊은 차향을 자랑하는데 국제시장에서도 최고의 품질로 명성을 얻고 있다.

송, 원, 명, 청을 거쳐 천 년 동안 차인과 시인들에 의해 가장 많이 읊어진 다시(茶詩)인 노동의 '七碗歌'는 노동(盧仝)이 바로 이 양이차(陽羨茶)를 마시고 그 형이상학적인 경지를 표현한 詩라 한다. 토양이나 기후조건이 시에 나올 정도로 의흥은 좋은 차가 생산될 수 있는 조건을 가진 지역이다.

PART V. 홍차 · 185

# 운남고수 홍차

**雲南古樹 紅茶** | 홍차

운남성(雲南省) 보이현(普洱縣)

운남성 서쌍판납 지역에서 수령 100년 이상인 대수차(大樹茶)의 대엽종 찻잎을 원료로 만든다. 2010년 두기차창(斗記茶廠)에서 시험 생산 후 2011년 과향형(果香型)과 화향형(花香型)을 만들어 제품화에 성공하였다. 운남고수 홍차는 운남지역 홍차의 제조기술을 따른 것이 아니라 기문, 정산, 운남 전홍 홍차의 기술이 접목되었다. 대수차와 대지차의 맛이 다른 것처럼 입안에서의 회운이 다르다(사진, 과향형 고수 홍차).

운남고수 홍차라고 하면 특정 기업의 제품을 말하는 것이 아니다. 운남성 차산지에서 수령이 100년 이상 된 대수차의 대엽종을 원료로 해서 만든 홍차를 통칭하는 것이다.

PART V. 홍차 · 187

# 일월담홍차

日月潭紅茶  홍차

대만(台灣) 남투현(南投懸)

대만은 100여년 전부터 소엽종을 이용하여 홍차를 제조하였다. 그러나 품질의 순도와 향이 부족하여 홍차 품질을 개량하기 위해서 민국 14년(1920년대)에 인도의 대엽종 아쌈을 들여와 재배를 하기 시작했다. 여러 곳에 재배하여 생산하였지만, 대부분 토양과 기후가 적합하지 않아 생산된 품질이 낮았지만, 유일하게 일월담에서 재배된 아쌈종이 가장 좋은 품질의 홍차를 생산하기에 적합한 환경을 갖췄다. 민국 66년에는 브랜드 가치를 높이기 위해 지방정부에서 포장을 설계하고 일월담 홍차를 수출하게 되었다. 일월담에서는 우량품종을 지속적으로 육종하여 대차8호(台茶8號), 대차18호, 대차21호, 향차항40호(香茶巷40號) 등이 있다(사진, 대차18호).

PART V. 홍차 · 189

# 운남전홍

**雲南滇紅**　홍차

운남성(雲南省) 봉경현(鳳慶縣)

　운남홍차(雲南紅茶)의 총칭이다. 전홍공부(滇紅工夫)와 전홍쇄차(滇紅碎茶)가 있다. 찻잎은 모두 운남대엽종(雲南大葉種)을 사용한다.

　공부(工夫)는 봄차가 제일 질이 좋은데, 찻잎은 싹이 크고 광택이 나는 검은색으로 금호(金毫)가 나 있다. 맛은 짙고 끝맛이 깔끔하다. 향이 그윽하고, 탕색은 선명한 붉은색이다. 쇄차(碎茶)는 균일하게 찻잎이 잘려 있고 광택이 있는 검은색이다. 맛은 진하고 끝맛이 달다. 신선한 느낌의 향이 난다.

　몇천 년의 역사를 지니고 있는 보이차에 비해 운남홍차의 역사는 불과 50년 정도이나 생산량과 품질은 중국 명차의 명성에 손색되지 않을 정도로 우수하다.

# 정산소종

**正山小種**　　**홍차**

복건성(福建省) 숭안현(崇安縣) 성촌진(星村鎭) 동목촌(洞木村) / 별칭 : 동목소종(洞木小種)

입하(立夏)부터 따는 봄차가 대부분이며 소서(小暑)부터 따는 여름차도 있다. 찻잎의 생산은 동목(洞木)을 중심으로 숭안, 건양, 광택의 3현의 경계에서 이루어진다. 이곳은 산과 대나무 밭이 차밭을 둘러쌌으며 계곡은 깊고 한랭한 기후이다. 안개 낀 날이 많고 일조량은 적으며 서리 내리는 날이 비교적 길다. 대부분 고산지역이므로 발아가 다소 늦다. 연강수량은 2,300mm 이상이며, 상대습도는 80~85%로서 일조시간이 짧은 편이다.

일아이엽(一芽二葉) 내지 일아삼엽(一芽三葉)으로 딴다. 발효시킨 후 훈배(燻焙)할 때에 젖은 소나무 가지를 태워 연기로 찌는 제법으로 마감하여 독특한 향을 만들어 낸다.

찻잎은 검은 광택이 나고, 송진이 탄 연기향 때문에 독특한 맛이 나는데 뒷맛이 깔끔하다. 용안(龍眼) 수프의 맛에 빗대기도 한다. 탕색은 선명한 붉은색이며 차를 우린 후의 찻잎도 붉은색이다. 정산소종은 복건성 소종홍차(小種紅茶)의 한 종류이다. 소종홍차는 크게 정산소종(正山小種)과 외산소종(外山小種)으로 구분되는데, 동목촌 일대에서 생산되는 소종홍차를 정산소종이라고 한다.

정산(正山)은 무이산(武夷山)을 가리키며 소종(小種)은 차의 품종을 가리킨다. 본래 무이암차(武夷岩茶)의 한 종류를 가리키는데, 유럽에 전해져 차나무인 오엽목(五葉目)을 가리키게 되었다.

후발효차로 산화효소에 의한 발효가 아니라 비효소성 발효차다. 즉 찻잎을 녹차와 같이 덖어서 산화효소를 파괴한 뒤 유념 전후에 찻잎을 쌓아두면 뜨거운 증기와 열 때문에 녹색의 엽록소가 파괴되면서 황색을 띠게 되는데 이 과정을 통해서 폴리페놀 성분이 감소하고 당류와 아미노산도 변화하여 독특한 향을 내게 된다. 황차는 녹차 제조와는 달리 쌓아두는 퇴적과정을 거침으로써 살청과정을 통하여 찻잎의 온도가 뜨거우므로 이를 쌓아둠으로써 약간의 수분이 발생하고 이 과정을 통해서 찻잎 중의 몇 가지 성분이 변화를 일으켜 특유의 품질을 형성하게 되는 것이다.

# VI 황차 Yellow Tea

## ◐ 황차의 제조공정

채엽(采葉) - 살청(殺靑) - 유념(揉捻) - 초홍(初烘) - 민황(悶黃) - 완성

▶ 황차 가공으로 완성된 차
(민황을 약하게 한 차)

▶ 곽산황아 차밭

# 곽산황대차

霍山黃大茶 | 황차

안휘성(安徽省) 곽산(霍山)

황대차의 평균적인 찻잎 꼭지는 한 싹에 찻잎이 4~5개이며 줄기가 길고 큰 것이 특징이다. 살청한 뒤 찻잎을 쌓고 그 위에 습포를 덮어 8~36시간 동안 방치하여 찻잎이 황색으로 변화하도록 하여 황차를 만드는데 이 과정 중에 엽록소가 파괴된다. 또한 쓰고 떫은맛을 내는 카테킨 성분이 62%나 감소해 차의 맛이 순하고 부드럽게 되며, 당류 성분과 단백질의 분해로 당 성분은 감소되고 유리 아미노산은 증가되어 황차류의 독특한 향미를 형성한다.

찻잎은 듬성듬성 미미한 황색을 띠고 있으며, 찻잎은 찻잎 그대로인 것과 부서진 잎이 섞여 있으며 상쾌한 향에 말끔한 맛이 난다.

PART VI. 황차 · 197

# 곽산황아

霍山黃芽　황차

안휘성(安徽省) 곽산현(霍山縣)

일아일엽(一芽一葉) 내지 일아이엽(一芽二葉)으로 곡우(穀雨) 되기 3~5일 전부터 따기 시작한다. 녹차에 가까운 제법을 사용하며, 잎은 본래 약간 황색을 띠고 있다. 질이 좋은 찻잎은 광택이 있는 황금색이다. 찻잎의 외형은 작설(雀舌)이라고도 일컬어지며 부드럽고 솜털이 나 있다. 살청을 마치면 찻잎을 열기가 있는 상태로 쌓아두는 민황이라는 공정을 거치며 이 민황의 공정을 마치고 건조시켜 마무리한다. 익은 밤 향기가 나며 맛이 달다. 탕색은 밝은 황록색이다.

안휘성(安徽省) 북부에 위치하는 곽산(霍山)에서 오래 전부터 제조되는 황차이다. 당(唐)대부터 청대까지 공차(貢茶)로 쓰였지만, 근세기에 일시 생산이 중지되었다. 1971년에 생산이 재개되자 바로 그 명성을 되찾았고 1990년에는 전국 11개 명차 중의 하나로 뽑혔다.

PART VI. 황차 · 199

# 군산은침

**君山銀針**　황차

호남성(湖南省) 악양시(岳陽市) / 별칭 : 금양옥(金鑲玉), 황령모(黃翎毛)

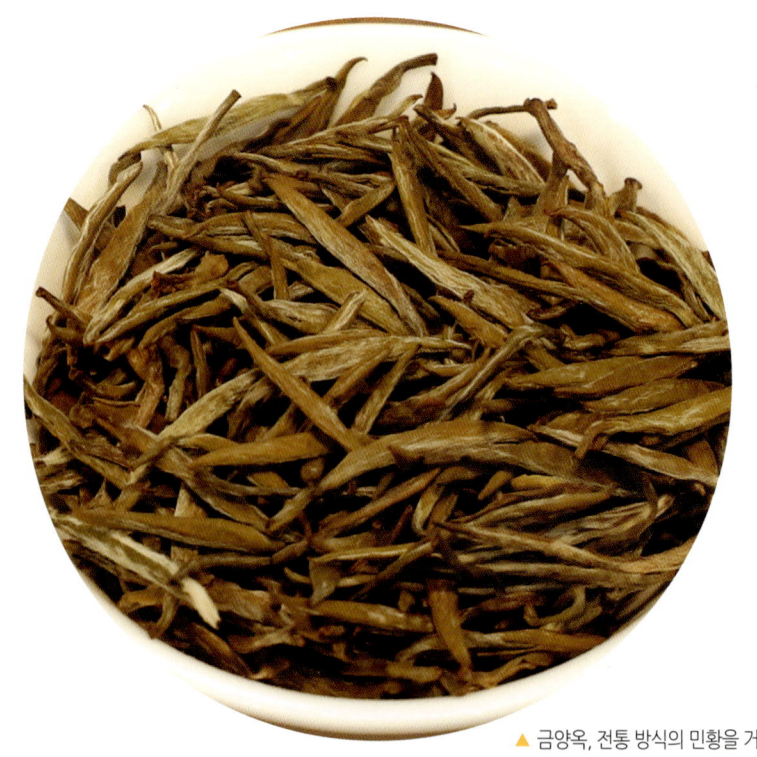

▲ 금양옥, 전통 방식의 민황을 거친 차

청명절(清明節) 되기 3일 전후에 따며 늦어도 청명절 후 10일 이내에는 다 딴다. 살청을 마치고 종이에 싸서 상자에 넣고 이틀 정도의 민황을 한다. 이때쯤 싹이 오렌지 빛을 띤 황색으로 변해 있으면 꺼내어 건조를 한다. 1차 건조 후 다시 '민황-건조'를 반복할 수도 있다. 총 3일간 약 70시간 동안 만든다.

황금색 계통의 도톰한 찻잎으로 은호(銀毫)가 나 있다. 향기는 상쾌하고, 맛은 개운하며 달고 향긋하다. 탕색은 밝고 투명한 오렌지색 계열의 황색이다. 우린 후의 잎은 부드럽고 광택이 나는 황색이다. 생산량이 적어 고가인 차 중의 하나로 호남성(湖南省)의 동정호(洞庭湖)에 떠 있는 군산(君山)이라는 작은 섬에서 딴 찻잎만을 사용한다.

▲ 민황을 약하게 한 차, 2004년 촬영

# 몽정황아

**蒙頂黃芽** | 황차

사천성(四川省) 명산현(名山縣)

▲ 전통 방식의 민황을 거친 차.

<big>춘</big>분(春分)경 싹이 조금 나오면 따기 시작하는데 살짝 핀 통통한 싹만을 균일하게 딴다. 몽산(蒙山)은 역사상 최고 유명한 공차 생산지로 역사는 2,000여 년이나 된다. 몽산은 2개 현에 걸쳐 있는데 명산현(名山縣) 쪽에서 생산되던 황아라고 불리던 차를 1950년대 초에 몽정황아라고 칭하고 황차류 중에서 진품임을 표명하였다.

1만 개의 싹으로 만 1근의 차를 만들며 마르고, 속이 빈 싹, 병충해나 서리 맞은 싹, 붉은빛을 띠는 싹은 따지 않는다는 오불채(五不采) 원칙을 철저하게 지킨다. 여린 싹이기 때문에 세심한 가공이 요구되는데 8개의 제조공정 중 '포황(包黃)'이라고 하는 후발효(後發酵) 공정이 있다. 찻잎의 색은 검은빛을 띠는 황색 계열이며 솜털이 나 있다. 그윽한 향이 나며 꽃향기가 배어 있다. 끝맛이 단 것이 특징이다. 우린 잎은 연한 황색이다.

▲ 민황을 약하게 한 차

흑차는 제다하는 과정 중 퇴적 또는 악퇴, 발효 과정을 통해서 발효가 되므로 찻잎 색깔이 검고, 차를 우려서 찻잎을 손으로 만져보면 찻잎은 짓뭉개지고 탄력이 없다. 외형의 색상이나 탕색이 흑갈색으로 변했기에 흑차라고 부른다. 흑차는 후발효차로 분류된다. 산화에 의해 발효되는 청차나 홍차와는 달리 흑차는 미생물로 발효시킨다. 흑차는 수분이 남아있는 상태의 찻잎을 쌓아 두거나 효소가 미생물이 활동하기 좋은 환경을 만들어 주어 발효가 진행되는 차이다. 고온다습한 곳에 쌓아두는데 이때 생기는 미생물이 찻잎의 발효를 촉진한다.

# VII 흑차 Dark green Tea

## ◆ 흑차의 제조공정

채엽(采葉) - 살청(殺靑) - 유념(揉捻) - 건조(乾燥) - 모차(母茶) - 악퇴 - 건조 - 긴압(緊壓) - 완성

흑차의 악퇴과정 ▶

보이숙병 만드는 악퇴과정 ▶

# 공첨

**貢尖** **흑차**

호남성(湖南省), 안화현(安化縣)

흑모차의 등급은 본래는 아첨, 백모첨, 천첨, 공첨, 향첨, 생첨, 곤첨[芽尖, 白毛尖, 天尖, 貢尖, 乡尖, 生尖, 捆尖]으로 구분하였으나 생산되는 향이 너무 희소하여 상품성이 없었기 때문에 아첨, 백모첨, 천첨은 통틀어 천첨으로 바뀌고, 공첨과 향첨이 공첨으로 생첨과 곤첨이 생첨으로 바뀌어 생산이 되었다. 그래서 천첨은 1아(芽)가 주를 이루고, 공첨은 1아, 1아1엽이 주를 이루며, 생첨은 그 나머지를 원료로 하여 만들기에 매우 거칠다. 공납되던 청 때 천첨과 공첨을 공차로 하였고, 귀족과 부유한 자들이 마셨으며, 생첨은 민간에서 마셨다.

문혁이 지난 후 다시 옛 이름인 천첨, 공첨, 생첨으로 생산되고 있으며, 지금의 천첨, 공첨은 어린 차청이 아닌 매우 거친 흑모차로 생산이 되고 있어 과거의 어린 싹으로 생산된 고품질 천첨, 공첨이 생산되지 않은 안타까움이 있다. [사진의 차는 1960년대 공첨]

# 보이숙차(병차)

**普洱熟茶** · 흑차

운남성(雲南省) 보이현(普洱縣) 서남부 / 보이차

최근에 보이숙차(普洱熟茶)를 음용하는 인구가 점점 늘고 있는 추세다. 보이차가 운남의 소수민족 차에서 한때 중국 황실의 애용 차가 되었다가 홍콩, 대만, 말레이시아, 한국 등을 거쳐 전 세계로 확산되고 있다. 이러한 확산의 가장 결정적인 역할을 한 것이 숙차(熟茶)의 개발이다. 보이생차(普洱生茶)를 처음 접하는 분들은 강렬한 차성 때문에 거부감을 가질 수 있지만 발효를 통해 적당히 순화된 숙차는 쉽게 대중에게 다가갈 수 있는 장점이 있다. 그럼에도 불구하고 쾌속 발효숙차는 여러 가지 한계가 있지만 좋은 원료를 사용하여 잘 만든 숙차는 확실히 다르다. 특히 고수 원료를 사용하여 만든 차는 맛의 무게감이 다르고, 대지 차보다는 맛의 밀도가 높고 숙차 특유의 텁텁함도 덜하다. 숙차는 원료도 중요하지만 숙련된 발효기술자의 경험도 아주 중요하다. 잘 만든 대지 숙차가 못 만든 고수 숙차보다 나을 수도 있다.

# 보이숙차(산차)

**普洱熟茶** 　흑차

운남성(雲南省) 보이현(普洱縣)

　보이숙차는 운남 대엽종 쇄청녹차(晒青綠茶)를 악퇴시켜 긴압하지 않은 독특한 품질을 가진 잎차 형태의 후발효차(後醱酵茶)이다. 2003년《보이차운남지방표준》에서 말하는 보이차(숙차)는 "외형은 갈홍색이고, 탕색은 붉고 진하다. 독특한 진향(陳香)이 있으며 엽저는 갈홍색이다."라고 하였는데, 이 표준이 오늘날까지 숙차를 감별하는 기준이 된다. 비록 인공발효시킨 숙차라도 잘 만든 차의 탕색은 시간이 지날수록 진하면서도 맑고, 대추향이 나는 특징이 있다.

　차를 우려낸 뒤 엽저가 갈홍색이나 갈황색이 아닌 진한 검은색 또는 썩어 문드러진 잎이라면 발효가 지나치게 된 것으로 좋은 차라 할 수 없다. 아무리 기술적으로 잘 만든 숙차라 해도 숙차 특유의 독특한 특징은 오래된 생차와는 근본적으로 맛과 향기, 탕색에서 차이점이 있다.

# 보이차고

**普洱茶膏**

운남성(雲南省) 보이현(普洱縣)

보이차고는 당대에 시작되었으며, 기본적인 차고(茶膏) 제작방법이 발전하면서 오늘날까지 내려오고 있다. 당대와 송대에는 차엽 표면에서 응고된 차고를 발견하였다는 기록이 있으며, 지금처럼 순수한 차고는 아니었다. 18세기에는 청 황실에 받치는 진상품이었으나 그 제조법은 전해지지 않는다. 지금 생산되는 차고는 청대에 와서 큰 솥을 이용하여 찻잎과 차 가루를 솥에 넣고 오랫동안 달여서 생산한 것이 시초이다. 그러나 이런 방법은 균일한 맛과 대량생산에 부적합하여 현대는 한약을 제취하는 방법을 응용하여 다양한 모양으로 차고를 생산하고 있다. 현재의 가공방법은 찻잎을 준비(생차 혹은 숙차)하고 차와 물의 비율을 1:10으로 한다. 100~200목의 거름망을 사용하여 액체를 저장하는 통에 담고, 농축(濃縮)하여 만든다.

# 복전차

**茯磚茶**  흑차

호남성(湖南省) 안화(安化) 사천성(四川省) 북천(北川)

사진 설명, 사천성 북천차창에서 1990년대 초에 생산된 3kg 복전차. 현재는 지진으로 사라진 지역이다

삼복시기에 생산한 복차(伏茶), 그리고 금황색(金黃色)의 관돌산낭균(冠突散囊菌 Aspergillus Cristatus)인 금화균(金花菌)의 맛과 향이 토복령(土茯苓)과 비슷하다하여 복차(茯茶)라는 이름으로도 불려진다.

1939년 전후에 누군가 산지인 안화(安化)에서 모방하려 했으나 당시 기술이 봉쇄돼있는데다 설비조건 등의 문제로 비록 몇 번의 시험을 거쳤으나 여전히 별 효과가 없어 그만 중단했다. 1953년 3월 중국차엽공사가 관계된 기술 역량을 모아서 과학기술연구원이 안화전차창(安化磚茶廠)에서 시험제작에 성공했고, 1959년 호남백사계차창[湖南白沙溪茶廠, 전신(前身)이 곧 안화전차창이다]에서 기계로 압착에 의한 대량생산방식으로 전환하여 과거 안화에선 복전(茯磚)을 생산할 수 없던 낙후성을 종결지었다.

1970년 호남성 정부의 조치에 따라 복전은 주로 익양차창에서 생산하였으나 1985년 부터는 백사계 차창에서도 생산을 재개하였다. 호남 복전은 특제복전과 보통 복전의 두 가지가 있으며 외형은 모두 직사각형이고 규격은 35×18.5×5cm이며 한 덩어리의 무게는 2kg으로 특제 복전은 전부 3급의 흑모차로 만들며 표면의 빛깔은 흑갈색이고 내질의 향기와 맛이 순수하고 짙으며 탕색은 밝은 홍황색으로 차엽이 고르다. 보통 복전은 4급 흑모차 위주로 하여 소량의 3급 흑모차를 섞어 만들며 표면의 빛깔은 황갈색이고 내질의 향기가 순수하며 맛이 부드럽고 짙으며 탕색은 홍황색으로 차엽은 비교적 억세다.

호남성 복전(1970년대 생산품으로 줄기가 있다.)

복전 차는 끓여서 마실 때 탕색은 붉지만, 혼탁하지 말아야 하고 향기는 맑으며 조잡하지 않고 맛은 짙으나 떫지 않고 잎은 오래 끓일 수 있으며, 금황색 금화는 맑은 향이 나야한다.

1950년대 사천성에서 생산된 복전차로서 줄기가 포함되어 있다. 진품을 찾기 위해서는 전문가의 도움이 필요한 차이다.
(황명자 소장품)

# 상첨차

**湘尖茶**　흑차

호남성(湖南省) 안화(安化)

호남흑차(湖南黑茶)를 통상 '삼첨차(三尖茶)'와 '삼전차(三磚茶)' 등 2종류로 나누며 '삼전차(三磚茶)'는 흑전차(黑磚茶), 화전차(花磚茶), 복전차(伏磚茶)를 가리키는 것이다. '삼첨차(三尖茶)'는 상첨(湘尖) 1, 2, 3호를 가리켜 말한 것이다. 그러므로 '삼첨차(三尖茶)'를 통상 상첨차(湘尖茶)라 부르기도 한다. 상첨차(湘尖茶)는 흑차긴압차 중에서 가장 상품이며 주로 호남성(湖南省) 안화(安化) 백사계다창(白沙溪茶廠)에서 생산되고 있다. '삼첨(三尖)'이란 옛날에 '천첨(天尖)', '공첨(貢尖)', '생첨(生尖)' 등을 가리켜 말한 것이며, 청(靑)나라 때 '공첨(貢尖)'과 '생첨(生尖)'은 공차(貢茶)였으며, 사용하는 원료에 따라 '湘尖1號', '湘尖2號', '湘尖3號'라 등급을 매겨 부른다.

# 육안차

**六安茶**  흑차

안휘성(安徽省) 육안시(六安市) / 별칭 : 가벼운 보이차

기문홍차가 생산되기 전에는 안차(安茶, 安徽茶=육안차), 연기차(軟技茶)라는 이름으로 생산한 기록을 명(明), 영락(永樂 1403~1424년) 기간에 발행한 《기창지(祁閶志)》에서 확인할 수 있다. 안차의 주요 산지는 안휘, 황산, 기문현 서남의 호계, 용구 일대로서 역사적으로 명차이며 흑차에 속한다. '안차'는 1725년 전후, 국내 판매는 광동과 광주 국외 판매는 동남아의 여러 나라에서 이루어졌다. 당시 제일 이름 있는 상점은 손의순 안차 상점(孫義順安茶號)으로 청대, 도광 연간(1821~1850년) 동안 광동에서 명성을 얻었다. '손(孫)'은 성이지만, '의순(義順)'은 사람의 이름이 아니다. 이후 시장의 위축으로 생산이 정지되었다가, 80년대 (1984년)에 다시 생산하기 시작했다. 차의 성질은 따뜻하고 맛은 약간 떫으면서 뒷맛이 산뜻한 풍미가 맑고 두터운 맛을 낸다. 탕색은 붉으면서 잎은 흑갈색으로 윤기가 있다.

# 육보차

**六堡茶** 　흑차

광서성(廣西省) 창오현(蒼梧縣) 육보향(六堡鄕)

흑차 긴압차의 일종으로 광서의 창오, 하현, 공성, 부현, 횡현 등지에서 생산된다. 육보차 모차를 원료로 하여 채로 걸러 잘 선별 배합하여 증기로 찐 후 악퇴과정을 거쳐 차엽이 가지고 있는 성분을 변화시킨다. 그리고 다시 찐 후에 채롱에 포장하여 응달에 말려 진화(陣化)시킨다. 완성품은 원주형으로 직경 53cm, 높이 57cm이다. 완성된 채롱은 무게에 따라 55, 50, 45, 40, 37.5kg의 5가지, 즉 1급에서 5급으로 나누어진다.

육보차는 압제 후에 그늘지고 조습한 곳에 약 반 년간 보존을 한다. 그럼으로써 탕색은 보다 홍농(紅濃)하게, 맛은 진미(陣味)를 같게 하여 육보차 특유의 紅, 濃, 醇, 陳의 특징을 갖게 한다. 만일 차의 표면에 금화가 피어있다면 품질은 한층 좋아진다. 금황의 곰팡이균은 각종 효소를 분비하여 차엽의 내부물질을 변화시켜 특수한 풍미를 갖게 만들며 차의 약효를 현저히 뛰어나게 한다. 육보차는 오래되면 될수록 더 좋아지는 특징을 가지고 있다. 탕색은 호박색을 띄고 향기는 醇陳하다. 육보차는 대부분 광서, 광동에서 소비되고 그 나머지는 홍콩, 마카오 싱가포르에서 소비된다.

악퇴 과정을 거친 육보차

전통방식으로 만든 육보차

전통방식으로 만든 육보차

# 천량차

千兩茶   흑차

호남성(湖南省) 안화(安化)

천량차는 안화현에서 생산되며 주변의 설봉산에서 자라는 야생교목형의 찻잎으로 만든 것이다. 찻잎은 단오(음력 5월 5일) 전에 따서 억세고 거친 것을 선별하여 만든다. 완성된 차의 탕색은 짙은 황갈색을 띠고 있지만, 천량차는 마시는 방법에 따라서 그리고 보존되어 온 기간에 따라서 천량차 특유의 향기가 다름을 알 수 있다.

천량차는 처음 만들 때 차의 무게가 100량인 백량차(百兩茶)로 만들었다가 청나라 동치(同治 : 목종, 1862~1875년) 황제 재위 때 진(산서성과 하북성의 남부지역)의 삼화공(三和公)이라는 茶 가게에서 차의 운송을 더 쉽게 하기 위해서 큰 댓살 바구니를 이용하여 백량차의 10배인 천량차를 만들게 된 것이다.

1958년 이후 호남성 백사계(白沙溪) 차 공장은 천량차가 발효가 늦다는 점을 감안하여 천량차(千兩茶·花卷茶) 생산을 대신하여 무게 2kg의 전차(磚茶)와 화전차(花磚茶)를 기계 생산하였다. 차 시장에서는 전차가 천량차를 대신하였다. 천량차와 전차는 같은 긴압차이면서, 흑모차를 원료로 사용하고 있지만 가공방법과 품질의 요구가 다르고, 상품의 특색이 각기 독특하다.

1982년 호남성 백사계 부창장 왕형남(王炯楠)

이 천량차가 완전히 사라지는 것을 우려하여 견본 생산을 건의한 것을 백사차창에서 받아들였다. 1950년대에 차창에서 작업을 한 기술자들을 불러 모아 천량차를 제작하였다. 그 기술자들은 이미 70대가 되어서 어려움이 있었다. 하지만 천량차의 역사적인 계승을 위해 조직을 안배하고 초여름에 시작하여 가을 중엽까지 약 4개월 정도만 생산하는 일에 혼신의 힘을 기울이면서 공식적으로는 1983년에 재현이 되어 1차 생산 후 중단되었다. 그 이후 차 시장의 요구에 의해서 1997년부터 재생산이 되어 백사계 차창의 공식적인 집계로는 450여 개를 만든 것으로 전하고 있다. 그 이후 2002년부터 2006년 현재까지 천량차의 마지막 공정인 독특한 비법으로 만드는 포장을 5명이 한 조가 되어 한마음으로 일을 하고 있다. 천량차 한 개를 만드는 데 소요되는 시간은 차를 선별한 모차를 삼베로 만든 주머니에 넣어 수증기가 올라오는 곳에 올려 두는 시간부터 마지막 포장이 완성되는 시간까지 30여 분이 소요되고 하루에 약 20개를 만든다.

길죽한 대발을 다시 대나무로 감싸 고정시키는 일은 옆에서 보는 것만 해도 보통 작업이 아니다. 그 과정을 거쳐 거대한 긴압차가 만들어지게 되면 대나무와 옥수수 잎의 긴밀한 압착을 견뎌내면서 세월을 보내며 발효가 시작된다.

아니 그곳에 차가 들어와 증기를 쐬면서 이미 천량차의 운명 속으로 들어가는 것이다.

사람이 많다고는 하지만 기술 있는 이는 드물다. 그러한 기술을 가진 이들이 모여 일을 하기는 더욱 어렵다. 더욱이 차를 만드는 독특한 기술을 눈앞에서 보게 되면 일상 편히 대하는 차에 대해 다시금 생각하게 된다.

# 천첨

**天尖** 흑차

호남성(湖南省), 안화현(安化縣)

천첨은 1아(芽)가 주를 이루고, 공첨은 1아, 1아 1엽이 주를 이루며, 생첨은 그 나머지를 원료로 하여 매우 거칠다. 공납되던 청때 천첨과 공첨을 공차(貢茶)로 하였고, 귀족 등 부유한 자들이 마셨으며, 생첨은 민간에서 마셨다. 본래, 흑차는 변방의 소수민족이 마셨던 것으로 사천에서 나는 흑차류가 대부분이었고, 더 많은 생산량이 필요하여 호남성의 원료를 사용하여 흑차를 생산하였다. 원료가 더 어리고 고급으로 생산이 되어 유명해 졌다. 그후, 민국시대가 지나고 중국이 만들어진 후 문혁시기에 봉건사상을 타파한다고 하여 10여년간 봉건사상의 잔유물로 생각한 천, 공 등을 사용하지 못하게 하므로 호남성을 표현한 약자인 湘을 사용하고 원료의 등급을 표시한 一, 二, 三으로 구분하였다. 문혁이 지난 후 옛 이름인 천첨, 공첨, 생첨으로 생산되고 있으나, 지금의 천첨은 매우 거친 흑모차로 생산이 되고 있다.

PART VII. 흑차 · 221

# 청전

`青磚` `흑차`

호북성(湖北省) 안화(安化) 백사계(白沙溪)

차의 품질은 이차(里茶)와 면차(面茶)로 나누며, 안쪽의 차는 '이차', 표면은 '면차'라고 부른다. 차의 전면에는 음각으로 '천(川)'자와 '中茶'의 글자와 몽고문 표기도 있다.

# 흑전차

**黑磚茶** 흑차

호남성(湖南省) 안화(安化) 백사계(白沙溪)

호남 변소차 제품 중, 비교적 늦게 만들어진 흑전차는 초기에 흑차전(黑茶磚)으로도 불려졌는데 중·일 전쟁의 발발 후 교통의 불편, 운송의 어려움을 해결하기 위해 안화변소차의 체적(体積)을 압축할 필요성이 대두되면서 호남성 물자 무역국이 1939년 차엽관리처의 부처장인 팽선택(彭先泽)을 안화로 보내 청전차(青磚茶)를 참고하여 흑전의 시험 제작에 성공한다. 이후 1941년 '호남성전차창(湖南省磚茶厂)'이 설립되고 흑전차의 전면에 '호남성(湖南省) 전차창(磚茶厂) 압제(压制)'라는 8개의 글자가 새겨지면서 '八字磚'으로도 불려졌다. 흑전차는 제다에 있어 80%의 3급 흑모(黑毛茶), 15%의 4급 흑모차, 5%의 다른 종류의 차를 원료로 사용한다. 먼저 차 무게를 측정하고, 증기로 쪄서 벽돌형 틀에 넣어 눌러 냉각시킨 후, 꺼내어 깨끗이 손질하는 공정을 거쳐 만든다. 이렇게 만든 장방형(長方形) 벽돌 모양의 흑전차의 크기는 35×18×3.5cm이며, 개당 무게는 2kg이다. 색상은 검은 갈색으로 주로 신강(新疆) 청해(青海), 감숙(甘肅), 녕하(寧夏), 신강(新疆)과 내몽고(內蒙古) 등지에서 소비한다.

차를 마시는 도구는 그 시대의 사회발전과 차를 마시는 방법의 변화에 따라서 종류와 함께 발전한다. 그 발전은 사용과 음용이 많을수록 빠른 것이다. 차에 따라, 장소에 따라, 음용의 목적에 따라 수없이 많은 변형과 발전을 가져온 차도구들은 바로 사람들의 흥미와 욕구가 그 원동력이 되었음을 알게 한다.

 차도구에서 한 가지만 고집할 필요가 있을까?
 맛은 혀로만 느끼는 게 아니지 않는가?

# VIII 중국차를 우리는 차도구

Ⅰ. 다기(茶器) 종류
Ⅱ. 도구와 차 내는 법
Ⅲ. 자사호(紫砂壺)의 세계

# Ⅰ. 다기(茶器) 종류

흔히 중국차를 마시는 데 필요한 다구(茶具)라 하면 개완(蓋碗)과 자사호(紫砂壺)를 생각한다. 그것은 이른바 최소한의 도구라 할 수 있지만, 일반적으로 차인들은 그것만이 전부라고 생각하는 오류가 있다. 중국차를 즐기는 데 있어서 자사호를 사용해야 중국차를 제대로 즐길 수 있다고 생각하며, 또 불문율로 인식하고 있다. 하지만 정작 중국에서 중국차를 일상에서 즐기는 모습을 보면 자사 다호는 일부에 지나지 않는다. 찻잎을 감상하며 마실 수 있는 다구로 개완과 유리잔 등이 보편성을 띠고 있다.

그리고 택시 운전사들은 휴대용으로 표일배를 이용하여 대부분이 차를 가지고 다닌다. 시장의 상인들도 표일배에 차를 넣어두고 마시는 장면을 볼 수 있다.

개완은 중국 전역에서 공통적으로 널리 사용되는 것을 볼 수 있다. 개완의 바깥면은 화려할지언정 내면은 백색을 띠고 있고, 뜨거운 물 속에서 우려낼 때 펼쳐지는 찻잎의 아름다운 모습을 보기 위한 것이 이유 중 하나이다. 그러나 투명한 유리 다기도 존재하고 반투명 옥다기도 존재한다. 그 다기들은 과연 무엇을 위해 만들어졌는가?

유리잔이나 다관을 보면 개완에서는 보기 힘든 측면에서의 찻잎을 보기 위해 제작되어졌음을 직접 사용해 보지 않아도 느낄 수 있다. 근, 현대에 이르러 유리로 만든 다구들은 그러한 시각적 감상의 길을 열어 주었고, 열탕에서 피어나는 찻잎들은 차에 대한 감흥도 증진시켜 주었다.

차를 마시는 도구는 그 시대의 사회발전과 차를 마시는 방법의 변화에 따라서 종류와 함께 발전한다. 그 발전은 사용과 음용이 많을수록 빠른 것이다. 차에 대한 장소에 따라 음용의 목적에 따라 수없이 많은 변형과 발전을 가져온 차도구들은 바로 사람들의 흥미와 욕구가 그 원동력이 되었음을 알게 한다.

차도구에서 한 가지만 고집할 필요가 있을까?

맛은 혀로만 느끼는 게 아니지 않는가?

## 1. 물을 끓이는 기구(煮水器 : 자수기)

### 1) 수주(水注 : 물을 담는 주전자)

차를 마시는 찻자리에서 물을 끓이는 탕관에 물을 보충하기 위해서 미리 물을 담아두는 용도로 사용한다. 예전이나 현재를 불문하고 수주는 도자기를 많이 사용하는 편이다. 하지만 찻자리의 품격을 고조시키기 위해서는 한국·중국·일본을 불문하고 전체적으로 어울림이 있는 것으로 사용하면 된다. 예를 들면 은(銀)주전자는 다예를 하는 자리에서 크고 작은 것을 용도에 맞게 선택하면 된다. 찻자리에 격(格)을 갖추는 경우는 수주(水注)도 중요한 역할을 한다.

### 2) 전기포트

차를 좋아하는 차인들은 찻물을 끓인다고 하여 명로(茗爐)라고 하지만, 실제로 필자가 중국 대부분의 지역에서 경험한 바로는 차와 관련된 대학교의 차실, 다예관, 학자, 상인들을 불문하고 전기포트를 사용하고 있었다. 한국에서도 대부분 찻물을 끓인다고 화로나 풍로를 사용하는 경우는 특별한 경우를 제외하곤 찾아보기 힘들다.

전기포트

## 2. 차를 우려내기 전까지 사용하는 다구

### 1) 차통

차를 보관하는 것으로 도자기나 주석으로 된 것을 사용하는 것이 좋다. 플라스틱이나 양철, 유리로 만든 것은 좋지 않다. 플라스틱은 냄새가 나고, 유리로 만든 것은 햇빛에 노출되면 찻잎이 산화되어 변색이 되기 쉽다. 차를 잘 보관하기 위해서는 직사광선이 들어오지 않는 곳이 좋다. 습기가 많은 장마철에는 차의 보관에 주의를 요한다. 중국 문헌에서는 다부(茶缶)라고 표기하는데, 최근에는 차를 보관하는 전용도구라고 하여 박물관에서 다엽관, 다엽병으로 표기한다.

### 2) 다하(茶荷)

중국에서 포유념(包揉捻)한 오룡차나 대엽종의 찻잎을 차호(茶壺)나 개완(蓋碗)에 넣기 전, 차통에서 찻잎을 꺼내어 놓아두는 도구이다. 그리고 손님에게 차를 마시기 전에 마실 차를 다하에 꺼내어 찻잎을 감상하게 하는 용도로도 사용된다.

자사 차통

자사 차통(건륭시대)

### 3) 차칙(茶則)

칙(則)이란 차통에서 찻잎을 꺼낼 때 이용되는 도구이다. 일반적으로 대나무나 흑단, 자단,

대추나무 등 나무의 재질이 좋은 것을 사용한다. 차칙은 기본적으로 청차류 가운데서 포유념을 한 차를 사용하는 것이 좋다. 산차에 사용할 경우 찻잎을 부스러뜨릴 경우가 있으므로 주의를 요한다. 만약 차통이 작은 것에 산차를 담았을 경우 뚜껑을 열고 넓은 차칙을 이용하여 차통을 돌려가며 차칙에 부어 사용하면 무이암차 같은 경우 찻잎을 부스러지지 않게 사용할 수 있다.

### 4) 다루(茶漏)

원형으로 된 깔때기 누두(漏斗)를 말한다. 공부차의 경우 다호 입구가 작기 때문에 찻잎을 넣을 때 흘리지 않기 위한 다구이다. 최근에는 다하(茶荷)를 사용하는 편이다.

### 5) 차시(茶匙)

다하(茶荷) 내에 있는 찻잎을 차호나 개완에 넣을 때 사용하는 도구이다.

### 6) 다협(茶鋏)

대나무 또는 목재로 만들며, 집게 모양으로 뜨거운 찻잔을 집는 데 사용하거나 정리할 때 사용한다.

### 7) 차 거름망(루망 漏罔)

차의 찌꺼기를 거르는 것으로 차를 다해(茶海)에 부을 때 차 거름망을 다해 위에 걸치고 찻물을 붓는다. 스텐이나 도자기류로 만들어지고 있다.

다하

차 거름망

### 3. 차를 우리는 도구

#### 1) 자사호(紫砂壺)

의흥 자사호는 중국의 도자기사에서 매우 중요한 위치에 있으며 역사적으로 예술적 가치를 인정받고 있다. 의흥은 현재 중국 강소성의 의흥시 정촉진 태호 서안(太湖 西岸)에 위치하며, 자사(紫砂)라고 하는 것은 '자주색 모래흙'이라는 뜻이며, 자주색의 특이한 자사토(紫砂土)로 만들어진 다기를 '자사다기(紫砂茶器)'라고 부른다.

자사호를 만들 때 순수하게 한 가지 흙으로만 만들게 되면 단니법(單泥法), 두 가지 이상의 흙으로 만들게 되면 교니법(絞泥法)이라고 한다. 여기서 말하는 단니법이나 교니법은 자사호를 만들 때 사용하는 기법을 말하는 것이며 흙을 배합하는 병배의 의미와는 다르다. 자사호에 장식을 하기도 하는데 여기서도 한 가지 흙으로 장식할 수도 있고 두 가지 이상의 흙으로도 장식이 가능하다.

한 가지의 흙으로 장식하게 되면 단색법(單色法), 두 가지 이상의 흙으로 장식하면 다색법(多色法)이라 한다. 이렇게 만들어진 자사호는 옛날 전통적인 방식은 전혀 포광처리를 하지 않았으며 근래에 와서는 좋은 자사를 구하기가 힘들어지자 점차 시장수요에 따라 포광처리를 하게 되었다.

#### 2) 개완(蓋碗)

개완은 뚜껑이 있는 찻잔으로 다호와 같이 차를 우려내는 역할을 하는 다기이다.

개완의 큰 장점은 기능적으로 볼 때 향이 흡수되지 않기 때문에 차의 종류를 가리지 않고 각종 차를 넣을 수 있다. 때문에 중국에서는 많이 애용되고 있다. 녹차 등은 개완을 사용해서 마시는 일이 많다. 현재도 많은 지역의 사람들은 개완을 이용하여 차를 우려내고 있지만, 특히 청차류는 복건성 남부지역과 광동성 조주지역에서 많이 볼 수 있다. 그러나 향기를 즐긴다는 점에서보다는 아름다운 찻잎의 형태와 탕색을 감상하면서 차를 우려내는 사람의 즐거움이 더하기 때문으로 볼 수 있다.

사용하는 사람의 손의 크기에 따라서 개완의 크기를 잘 선택하면 된다.

**개완 사용이 필요한 경우**

① 보이차는 보이차 고유의 강한 향이 있다. 그래서 자사호를 사용할 경우에는 반드시 보이차 전용으로 사용하는 다호를 사용해야 한다. 보이차 전용으로 사용되는 다호가 없는 경우에는 자기로 된 개완을 사용할 수 있다.

양상곤(楊尙坤) 作

② 여러 종류의 차를 동일한 조건에서 시음할 경우에는 작은 개완을 여러 개 사용하는 것이 좋은 효과를 얻을 수 있다.
③ 여러 사람이 회의를 할 경우 작은 찻잔을 놓고 여러 번 차를 따르는 것보다는 큰 개완에 차를 내는 것도 좋은 방법이다.

### 3) 유리그릇

중국차를 마시는 데 특별한 그릇은 없다. 특히 중국에서 그들의 일상을 보면 더욱 그렇다. 그저 머그컵만 있으면 직접 차를 넣고 뜨거운 물을 부어 손쉽게 차를 마시면서 즐긴다. 중국에서는 녹차를 가장 많이 마시고 있지만 찻잎의 형태가 제대로 갖추어진 좋은 품질의 녹차는 유리컵에 넣어 마시는 것을 볼 수 있다. 백호은침, 군산은침 등은 햇차인 경우 유리컵에 넣어서 뜨거운 물을 부으면 찻잎이 가라앉고 다시 올라가는 모양을 볼 수 있어서 눈으로 즐길 수가 있다. 완전히 가라앉으면 물도 적당히 식어 차의 맛도 충분히 즐길 수 있다.

백호은침을 유리컵에 넣어서 마셔도 좋다. 유리잔을 데우고 백호은침을 넣고 뜨거운 물을 넣으면 찻잎이 아래 위로 움직이는 모양을 즐기면서 마실 수 있다. 공예차나 말리화차 같은 차는 큰 유리 다관이나 유리 포트에 넣으면 잎이 옆으로 저절로 퍼지기 때문에 뜨거운 물을 부으면 꽃이 저절로 퍼진다.

화차 우리기(해패토주)

### 4. 차를 마시기 위한 도구

#### 1) 다해(茶海)

공도배(公道杯)라고도 한다. 다호에서 우려낸 차를 찻물의 농도를 균일하게 하여 찻잔에 나누기 위한 도구이다. 그리고 끓인 물을 조금 식혀서 다호에 넣을 때 물을 식히는 기능도 한다. 자기(瓷器)로 된 것이 좋으며 최근에는 유리제품이 많이 사용되고 있다.

#### 2) 찻잔(茶杯)

차를 마시기 위한 그릇이다. 여러 가지 종류가 있지만, 중국차를 마시는 데는 백자 찻잔을 많이 사용한다. 자사만으로 만든 찻잔도 있지만 찻잔 안쪽과 바깥쪽의 재질이 다른 자사 찻잔도 사용된다.

#### 3) 다선(茶船)

다호를 따뜻하게 유지하기 위한 도구로 다지(茶池)라고도 한다.

#### 4) 다반(茶盤)

다호에 물을 따를 때 흐르거나 넘치는 것을 받아낸다. 대나무나 도자기, 돌로 만든 것이 있다.

자사 찻잔

대나무 다반

유리제품의 다해

청화백자(靑華白瓷)로 만든 다선과 다호

## 5) 문향배(聞香杯)

문향배는 오룡차의 화려하고 깊은 맛을 즐기기 위해 1980년경에 대만에서 고안된 것이다. 높이가 있는 것과 평평한 것이 2개 1조가 되어 있다. 높이가 높은 것이 차향을 맡을 수 있는 문향배이다. 일반 찻잔과는 달리 차의 농후한 맛을 즐길 수 있다.

문향배와 잔

문향배

## II. 도구와 차 내는 법

### 1. 개완을 사용한 차 우리기(녹차류를 중심으로)

중국차를 즐기기 위해서는 우려 마시기에 편리한 다기가 좋은 다기라 할 수 있다. 개완(蓋碗)은 자사호와 달리 개인용 찻잔으로도 사용되며 차에 따라서 유리로 된 것과 도자기로 된 것을 구분하여 사용할 수 있다.

　녹차나 화차 같은 종류는 유리로 된 개완을 사용하는 것이 어울리고 청차 가운데 찻잎이 거친 종류는 도자기로 된 개완이 좋은 편이다. 개완은 찻잎을 감상하고 향을 충분히 즐길 수 있기 때문에 중국의 많은 지역에서 선호하는 편이다.

① 도자로 만들어진 개완(蓋碗)에 뜨거운 물을 따른다.
② 개완 안의 물을 두세 번 돌려 준다.
③ 개완 안의 물을 버린다.
④ 개완(약 100mg)에 2~3g 정도의 차를 넣는다.
⑤ 찻잎이 들어 있는 개완에 뜨거운 물(약 75~85g)을
⑥ 약 1/5 정도 따른다.
⑦ 찻잎에 물이 쉽게 스며들도록 흔들어 준다.
⑧ 개완의 7부 정도 물을 따른다.
⑨ 탕색을 먼저 감상한 후 향기를 맡는다. 맛을 본다.

개완(蓋碗)에 뜨거운 물을 따르고 데운 후 버린다.

개완(약 100mg)에 2~3g 정도의 차를 넣는다.

먼저 떠 있는 찻잎을 밀어내면서 탕색을 감상한다.

한 모금으로 오미를 느낀다.

## 2. 자사호를 이용한 차 우리기(청차류를 중심으로)

작은 다호(茶壺)와 찻잔을 사용하여 차의 맛을 잘 낼 수 있도록 차를 내는 동작 하나하나에 이유가 있으며 특별히 정성스럽게 잘 우려내기 위한 방법을 '공부차'라고 한다. 공부차는 중국의 복건성 남부지역인 천주(泉州)나 하문(廈門), 광동성의 조주(潮州)와 산두(汕頭)지역의 사람들이 고급차를 즐기기 위해서 옛날부터 사용되었다고 전한다. 자사호는 처음 사용할 때는 차의 맛과 향을 흡수하는 성질이 있다. 그래서 하나의 차호에 한 종류의 차만 정해두고 오랫동안 사용하게 되면 그 차의 향이 배어 있다. 그렇게 함으로써 양호(養壺)의 맛을 알게 되고, 자사호 사용으로 차 생활에서 큰 즐거움을 얻을 수 있다.

① 차를 다하(茶荷)에 넣고 찻잎을 감상한다.
② 차를 넣기 전에 차호와 찻잔을 데워준다.
③ 차통 안의 차를 차칙으로 던다.
④ 다호에 적당량의 차를 넣고 뜨거운 물을 붓는다.
⑤ 뜨거운 물을 부어서 거품을 제거하고 차가 잘 우러나게끔 뚜껑을 닫고 잠깐 둔다.
⑥ 이때 자사호 뚜껑 위에 뜨거운 물을 붓는다.
⑦ 우러난 찻물을 다해(茶海)에 따라서 찻잔에 차를 나누어 낸다.
⑧ 차의 맛을 본다(품한다).
⑨ 차를 마시며 담소를 나눈다.

다호에 물을 붓는다.

향이 담긴 찻물을 자사호에 부어준다.

자사호를 이용하여 청차류를 우릴 때 여러 가지 행다법이 있다. 그 가운데 문향배(聞香杯)를 사용할 때 다협으로 문향배를 잡고 다호에 물을 붓는 동작 하나하나에서 규범을 보일 수 있다면 그는 자사다기를 이해하고 행다를 하는 것으로 볼 수 있다. 자사호는 통기성이 좋아서 흔히 숨을 쉰다고 한다. 찻물이 우러나기를 기다리는 동안 향이 담긴 찻물을 자사호에 부어 줌으로써 다호에서 내뿜는 차 향기를 가두기도 하고, 다탕(茶湯)의 온도도 뜨겁게 유지시킨다. 그리고 다시 한 번 뜨거운 맑은 물을 자사호에 부어 주는데 이 두 동작을 '중세선안(重洗仙顔)'이라고 한다. 즉, 선인의 얼굴을 다시 한 번 씻어준다는 것으로 자사호의 둥그렇고 복스러운 모습을 신선의 모습으로 비유한 것이다.

손님의 찻잔에 차를 따른다.

### 3. 유리잔으로 화차를 즐긴다

청대에 들어와서 중국차는 대부분 명대(明代)의 포다법을 그대로 이어서 발전시킨 것이다. 청나라를 세운 만주족은 인구가 적고 차 마시는 습관은 북방에 살고 있는 한민족과 다르지 않으므로 청대의 제다법과 끽다법에는 큰 변화는 일어나지 않았다. 청대의 제다법은 솥에서 볶는 '불발효차'인 녹차와 덖는 불발효차인 '초청녹차', '발효차', '훈화차'의 3대 계통이 완전히 정착되었다.

제다의 형태에 의해서 다시 '고형차'와 '산차'로 나누어지지만 고형차의 기법은 오랜 전통을 계승한 것이다. 명대에 다양화하기 시작한 제다의 종류지만 청대에는 더욱 지역에 의한 음다의 취향이 현저히 달랐다. 복건이나 광동에서는 오룡차가 애음되고 양자강의 중하류지역에서는 녹차, 사천(四川)이나 운남에서는 흑차나 보이차 같은 종류가 음용의 중심이 된다. 한편 차가 채엽되지 않는 북방에서는 북경을 중심으로 '화차', 즉 훈화차(薰花茶) 등의 소비량이 압도적으로 많아졌다(대표적인 것이 재스민차). 송대로부터 향료(香料)가 들은 고형차(團茶나 片茶)에 익숙한 때문인지 북방사람은 향이 높은 차에 애착을 느끼는 것 같다. 오랫동안 북방사람들이 이런 '훈화차'를 '향편(香片)'이라고 부르는 것에서도 그 애착의 깊이를 짐작할 수 있다.

음다 풍습은 명대의 '포다법(泡茶法, 煎茶)'이 여러 지역으로 보급이 되면서 고국을 그리워하는 정취 있는 문인들 사이에서도 정통적 음다법으로 받아들여지고, 송대(宋代) 방식의 점다(点茶)나 당대의 자다(煮茶)법을 돌아보는 사람은 차차 사라져갔다.

유리잔으로 화차를 우리기 위한 준비

화차를 마시는 모습

PART Ⅷ. 중국차를 우리는 차도구 · 251

## 4. 차를 맛있게 마시기 위한 방법

### 1) 건강하고 좋은 차를 고르는 법

찻잎의 가격은 천차만별이지만 가격만으로 차의 질을 판단하는 것은 아니다.

같은 가격이라도 보다 좋은 것을 고르는 안목을 기르는 것이 중요하다. 그러기 위해서는 먼저 평소에 좋은 차를 많이 보는 것이며, 찻잎의 색이 빠지지 않았는가, 찻잎의 모양은 고른 것인가, 부서진 찻잎이 섞이지 않았는가 살펴야 하는데 부서진 것이 많이 들어 있으면 차의 맛이 잘 나지 않고 떫기도 하기 때문에 주의해야 한다. 차를 판매하는 주인의 차에 대한 관심과 안목에 따라서 차이가 많음을 알 수 있다.

청차 가운데 여러 차들이 노차(진년이나 老茶 등)의 맛을 알게 되면서 노차의 참맛을 논하며 진년의 맛을 모르면 초보자 같은 이야기를 하지만, 필자의 중국에서의 차 제조현장 실무자들의 관계 속에서의 경험과 중국 내 12개 성을 같은 시기에 이동하면서 大商들의 유통 속에서 이해될 수 있었던 경험으로 볼 때, 건강하고 진정한 노차의 맛은 좋은 인연으로 얻어지는 것이지, 금전적으로만 해결되는 것은 결코 아님을 알게 되었다.

보이차를 제외한 茶는 가급적 새것을 고르는 것이 기본이다.

그리고 가능하면 맛을 보고 시음할 수 있다면 가장 좋은 방법이다. 같은 회사의 제품이라도 구입하는 장소에 따라서 취급기간이 다르면 맛이 다른 경우가 있기 때문이다. 인지도 높은 회사의 차라도 맛을 확인해 보는 것이 좋다. 뜻밖에 맛있는 훌륭한 차를 만나게 되는 경우도 있다. 중국차는 종류가 많기 때문에 찻잎의 색이나 형(形) 등에서 각각의 특징을 알아두는 것도 중요하다. 그것을 서서히 익혀가는 것도 중국차를 즐기는 법이라고 할 수 있다.

### 2) 차의 보관이 중요하다

차는 맛이 있을 때 다 마셔버리는 것이 좋지만, 보존을 해서 마시게 되는 경우는 주의해야 한다. 우선 차는 고온, 냄새, 빛에 의해서 변화가 일어난다는 것을 알아야 한다. 보존 할 때는 공기에 접촉되지 않도록 차통이나, 색을 띤 식품보존용 용기, 지퍼가 달린 주머니 등에 넣어 냉암소에 보관한다. 냉장고나 냉동고는 차를 꺼내고 넣을 때 온도 차가 있고, 결로(結露)현상으로 수분을 품으면 냉장고 내의 냄새가 옮기기 쉽기 때문에 피한다. 전용 냉장고를 사용하면 좋지만, 그럴 경우에도 결로현상은 주의가 필요하다. 저울로 달아서 파는 것은 구입할 때 조금씩 나누어서 포장을 하는 것도 좋은 방법이다.

# III. 자사호(紫砂壺)의 세계

## 1. 의흥 자사호의 역사

자사호가 다호로서 완성되고 성행하는 시기는 명나라 태조 주원장(朱元璋)이 포다법(泡茶法)을 개혁하면서 비롯되었다. 주원장은 당(唐), 송(宋), 원(元)을 거쳐 당시 유행하던 단차(團茶)가 황실과 사대부만의 전유물에 가깝고, 농민들의 고통을 가중시킨다는 판단으로 단차 제조와 상인들의 밀거래를 금지하는 '단차폐지칙명(勅命)'을 1391년에 내렸다. 음다(飮茶)문화는 갈아서 마시던 점다법(點茶法)에서 산차가 적극 장려되고, 뜨거운 물에 차를 우려마시는 포다법(泡茶法)이 유행하게 되면서 자연스럽게 다호(茶壺)가 널리 사용되었다. 초기에는 다호가 비교적 큰 편이었으며, 공부다법(功夫茶法)이 보급되면서 다호는 점차 작게 변하여 갔다.

명대(明代) 초기까지는 주로 항아리나 주전자 같은 생활 속에서 사용하는 기물들이 대부분이었다. 지금과 같은 형태의 다호가 만들어진 것은 명정덕(正德, 1506~1521년)년간에 정촉진 외곽지역에 위치한 금사사(金砂寺)라는 절에서 한 스님이 만들기 시작하였다. 명대에 관직에 있던 오사(吳仕)의 종이었다. 오사는 의흥 동남 금사사에 과거 공부를 하기 위해 공춘(供春, 1506~1566년)이라는 서동을 데리고 들어갔다. 공춘은 스님이 차호를 만드는 것을 보고 그 기술을 익혀나간다. 또한 스님은 돌아가시기 전 평생 축적한 기술을 공춘에게 전수해 주었다. 공춘은 작품활동을 하였으며 지금 현재는 중국역사박물관에 소장되어 있는 수영호(樹癭壺)가 전해지고 있다. 여기에서 스님이나 공춘은 동 시대에 활동하였지만 스님은 차호 바닥에 낙관을 찍지 않았기에 전해오는 자사호가 없다. 그래서 자사호의 시조는 일반적으로 공춘이라고 본다.

청대에 이르면서 자사호는 문양(紋樣)과 문식(紋飾)을 사용하면서 단순한 다기(茶器)의 실용적인 범주에만 머무는 것이 아니라 다채(多彩)로운 형태의 고급 예술품으로까지 승화되어 가면서 자사호가 중국 음다문화에 중요한 위치를 가지게 된다.

의흥(宜興)은 자사호(紫砂壺)의 생산지로 유명하며 '도도(陶都)'라고까지 불리운다. 현재 중국 강소성(江蘇省) 내 의흥시에 속하며 4천 년의 역사를 가진 도시로 진(秦) 이전에는 형계(荊溪), 진(秦)나라 통일 이후에는 양이(陽羡)현으로 개칭되었다가, 삼국시대에 오(吳)나라에 속하여 오흥군(吳興郡)에 속했었다. 진(晋)나라 초기에는 오(吳)나라의 구제(舊制)를 그대로 따르고 영가(永嘉, 307~312)년간에 잠시 군(郡)으로 승격하여 의흥군(義興郡)이 되었다. 수(隋)나라 때, 다시 군에서 현(縣)으로 강등되어 의흥현(義興縣)이 되었다. 당나라 초에는 아주(鵝州), 남흥주(南興州)로 불리다가 6년 후에 다시 구명칭(舊名稱)인 의흥(義興)으로 환원되었고, 송(宋)나라 태평흥국(太平興國) 원년 때 태종 조광의(趙光義)의 휘(諱 : 황제의 이름)를 피하여 '옳을 의(義)'를 '마땅할 의(宜)'로 고치어 '의흥(宜興)'이라고 불렀던 것이 줄곧 지금까지 의흥(宜興)으로 불리게 되었다.

## 2. 자사(紫砂)의 종류

자사흙을 성분 분석하여 보면 일반적으로 석영(石英), 운모(雲母), 고령토(高嶺土), 적철광(赤鐵礦) 등의 각종 광물질로 이루어져 있으며 독특한 이중 공기구멍의 구조를 가지고 있는 게 특징이다. 투기성이 좋고 냉온의 급격한 온도변화에도 잘 적응하여 사람들은 흔히들 자사흙을 흙 중에 흙, 암 중에 암(岩中岩)이라고 하여 그 가치를 귀하게 여기게 되었다. 자사의 원산지는 의흥시 정촉진에서도 황룡산(黃龍山)과 청룡산(靑龍山)에서 주로 채굴되어 사용하였다. 90% 정도는 황룡산에서 채굴되어 사용되며 보편적으로 이 두 곳을 이른바 본산(本山)이라고 한다. 자사 광석을 채굴하는 방법은 크게 두 가지이며 땅 속으로 굴을 파서 캐내는 방법과 야산을 깎아서 캐내는 방식이 있다.

* 광산에서 캐낸 상태일 때는 광석, 흙으로 가공된 상태는 니(泥)로 표현하였다.

### 1) 자니(紫泥)

소성 전의 원광석의 색은 자홍색, 보라색, 천청색 등으로 광석표면은 미세한 은색빛이 나며 때로는 녹색반점 혹은 작은 녹색 무늬가 있다. 작은 녹색 무늬가 있는 것을 저조청[1])이라고 한다. 자니 광석은 흑색을 띤 홍색이나 옅은 자색이며, 열을 가하여 소성된 색은 흑자색이나 자갈색이 된다. 자니의 소성 후 색깔은 보라색(자니), 자홍색(청수니), 진자색(진자니) 등의

---

1) 저조청(底糟青)이란 깊은 지하층에 광석과 광석 사이에 박혀 있는 것으로 현재는 채굴이 안 된다.

색깔을 띤다. 가마 소성온도는 보편적으로 1,170~1,190℃ 정도이며 주니나 본산녹니보다 점력이 우수하여 정교한 표현이 가능하다.

### 2) 홍니(紅泥)

홍니[주니(朱泥) 포함]의 소성 전 원광석의 색은 황홍색, 붉은색 또는 연한 홍색을 띤다. 주니(朱泥)의 가마 소성 후 색깔은 산뜻한 붉은색 내지는 약간 어두운 붉은색이 나타난다. 홍니의 재질은 돌처럼 단단하며 가마 소성 후에는 산뜻한 붉은색 또는 암홍색, 연홍색, 자홍색을 띤다. 흙의 분류에서 넓은 의미로 볼 때는 홍니와 주니를 하나로 볼 수 있지만, 실제로는 다르다[2]. 순수한 홍니는 자니에 비해서 점력이 약하므로 비교적 단순한 형태의 자사호를 만들 때 사용하는 것이 더 효율적이다. 가마 소성온도는 약 1,150℃ 전후가 된다.

---

2) 주니(朱泥)는 1940년 이후부터 채굴량이 줄어들면서 현재는 대부분이 홍니 + 산화철을 이용한 인위적인 색깔을 만들어 사용한다.

본산녹니

### 3) 녹니(綠泥)

본산녹니(本山綠泥)라고 한다. 소성 전 원광석의 색깔은 연한 녹색을 띠며 가마 소성 후는 노랑색 또는 연한 녹색을 띤다. 그 밖에도 원광석에 있어서 녹니와 자니가 섞여 있는 광석이 있는데 이 광석을 단니라고 하며 단니의 가마 소성 후 색깔은 섞인 비율에 따라 자색 또는 노란색이 나타나기도 한다. 다른 종류와 특별히 다른 점은 녹니 단독으로는 성형을 하지 않는다는 것이다. 이유는 흙 자체의 점력이 약하기 때문에 가마 소성 후 몸체가 잘 갈라지며 실패할 확률이 매우 높다. 또한 광석 채집이 어렵고 그 양이 소량이어서 현재 유통되고 있는 자사호 가운데 순수한 본산녹니는 드물다.

## 3. 자사(紫砂)다기

자사라고 하는 것은 '자주색 모래흙'이라는 뜻이며, 자주색의 특이한 자사 도자로 만들어진 다기를 '자사다기(紫砂茶器)'라고 부른다. 이 종류의 도기는 옛날부터 명, 청 시대에 왕성하

### 자사(紫砂)의 색상을 내는 방법

① 검정색(黑泥) 차호의 경우 순수 흑니만으로 만든 차호도 있지만 근래에 와서는 인위적으로 색을 내는 경우가 많은 편이다. 흑색 계통의 색상은 자니에 산화망을 섞어서 색상을 낸다.
② 녹색 내지 청색은 본산녹니에 산화코발트를 섞어서 색상을 낸다.
③ 노랑색은 4가지 방법이 있으며, 첫째는 순수 본산녹니로 가마 소성하는 방법이 있고, 둘째는 하급의 본산녹니에 산화동을 섞어 색상을 낸다. 셋째는 하급의 본산녹니에 철황분(鐵黃粉)을 섞어 색상을 내며, 넷째는 단니 계통에 화공 안료를 넣어 색상을 내기도 한다.

게 사용되었으며 현재에도 높은 평가를 얻고 있다. 명대의 자사는 단지 청대의 문헌에서만 볼 수 있으며 실물이 발견된 것은 극히 적다고 볼 수 있다. 자사의 원료는 도자기의 원료가 되는 점토인 '도토'이며, 다른 것에 비해 철과 규소의 함량이 약간 높다. 그리고 원광석 색상에 따라 3종류로 나눌 수 있다. 자사의 분류 중에 광석의 채굴량이 많지 않은 것은 흙의 종류에 포함시키지 않는다.

## 4. 자사호를 만드는 형

### 1) 원호류(圓壺類)

'원불일상(圓不一相)' 원은 하나의 모습이 아니다. '주원옥윤(珠圓玉潤)' - 구슬은 둥글고 옥돌은 윤이난다. 원호는 자사호의 조형중 변화가 제일 풍부하고 정취가 듬뿍 담긴 종류로서, 원구체(圓球體), 반원구체(半圓球體), 추형체(錐形體)를 기본형으로 삼는다. 휘어진 곡선, 쌍곡선, 포물선 등을 조합한 변화를 운용하여 형태를 만든다. 원호는 대개 소신(素身)으로 극히 간단한 선으로 호견(壺肩, 호 어깨), 호요(壺腰, 호 허리), 호개(壺蓋, 호 뚜껑)를 장식하되 규범대로 정교하고, 적당한 비례를 가늠하여 자사호의 기운(氣韻)을 드높인다. 동시에 니질(泥質)의 변화를 중시하여 자사를 더해 기리효과(肌理效果)를 풍부하게 하며, 형태는 반드시 '원(圓, 원형), 온(穩, 안정성), 균(勻, 균형미), 정(正, 반듯함)'을 이루며, 실용성을 중요하게 여겨야 한다.

258 · 사진으로 보는 중국의 茶

## 2) 방호류(方壺類)

'방비일식(方非一式)', 방호의 기본양식이다. 사각형을 기본형으로 한 정방, 육방, 팔방, 장방형 등등 각종의 사각체형이 있다. 방호(方壺)는 '방중우원(方中寓圓)' 즉 모난 중에 둥근 걸 함축한 것을 강구하며, 각종의 장단의 직선과 곡선을 운용해 조합하고 겹쳐쌓는 것에 뛰어나, 제작공예 시 선과 면이 팽팽하고 구김이 없으며, 모와 각이 분명하고 윤곽선이 뚜렷하게 입과 뚜껑이 평평하게 딱 잘 들어맞는 걸 요구하며, 적당한 비례에 주둥이와 손잡이의 균등한 세력 통일은 물론 제멋대로 호의 뚜껑의 방향을 돌려놓아도 전체 기형의 단정하고 수려한 모습은 양강의 기운을 갖추었다.

진국량 전방호(陳國良 磚方壺)

### 3) 근문기류(筋紋器類)

'씨줄무늬'는 근문기 자사호를 구성하는 조형이다. 통상적으로 근문기호는 대자연 속의 과일, 식물꽃모양에 의거해서 제련가공해서 만든다. 기하형 등의 비례 분할과 재조합하는 변화를 운용하는데, 과일꼭지, 국화꽃잎, 마름꽃, 수선화꽃잎, 해바라기꽃잎 등이 그것이다. 근문은 요철이 일정하고 규범이 가지런하고 그 제작의 난이도가 비교적 높아서, 통체로 문양 장식함에 뚜껑꼭지부터 호 밑바닥에까지 올곧게 한 기운으로 관통해서 가지런하고 수려하고 명쾌할뿐더러 상당한 리듬감이 있다. 근문에는 일반적으로 3, 6, 9, 12, 18, 36개의 꽃잎 등의 구분이 있다. 종횡으로 분할 변화가 가능하며, 또한 회전시켜 처리할 수도 있어, 그 입과 뚜껑은 모름지기 서로 바꿔놓아도 평평하니 잘 맞아야 하며, 게다가 호의 안과 뚜껑 안과 밖의 근문이 일치해야만 한다.

자니호

장소언(蔣小彦) 作

왕생제(王生娣) 作

### 4) 소수평호류(小水平壺類)

중국의 복건성, 광동성 및 대만 사람들은 오룡차를 마시는 것을 매우 좋아한다. 특히 광동의 조주, 산두 사람들은 격식을 갖추어 오룡차를 마신다. 수평호는 오룡 차를 마시는 중요한 다구 중 하나로써 용량은 160㏄ 이하이며 광소기(光素器) 주니호가 가 장 많다. 진홍 색깔은 길상을 상징하며, 충수(沖水) 때 호가 수중에서 평형을 유지하며 떠 있기에 '수평호'라고 이름 붙였다. 수평호와 잔, 접시, 쟁반을 조합해서 만든 다구로 자주 보 이는 것은 일호 사배 일반의 여섯 가지 세트와 일호 양배 양접의 다섯 가지 세트, 일호 사배 사접의 아홉 가지 세트 등이 있다. 호, 배, 반, 접의 형태와 빛깔의 통일성을 요구한다.

### 5) 화소기류(花塑器類)

'초형상물(肖形狀物)'이란 자사호를 구성하는 또 다른 양식으로, 자사업계에선 이를 '화화(花貨)'라고 부르며, 골동품업계에선 '상생기(像生器)'라고 부른다. 특징은 자연계의 식물과 생물 등의 형태를 모방하는 건데, 원조(圓雕), 부조(浮雕), 천부조(淺浮雕) 등을 운용하여 조형을 만들고 또 다호를 제작한다. 화소기 다호에는 단일 니색과 다양한 색을 도회(塗繪)한 상생소기(像生塑器)가 있는데, 전체적인 조형은 생동감 넘치는 생활정취가 담겨진 예술적 효과를 지녔다.

### 6) 교니 장식

교니(絞泥)는 또한 '교태(絞胎)'라고도 하는데, 칠기의 서비(犀毗)기법에서 가져온 것이다. 우선 두 가지 다른 색깔의 진흙재료를 서로 주물러 합치고 밀어내어 만든 니태(泥胎)는 자연화문(自然花紋)을 형성하는데, 마치 목리문(木理紋), 수파문(水波紋), 화석문(花石紋), 호접문(蝴蝶紋), 그리고 유운문(流雲紋) 등처럼 색채대비가 선명한 자연의 정취를 볼 수 있다 교니장식은 특별히 주의를 요하는데, 서로 다른 색깔의 진흙재료는 반드시 소성수축률이 서로 비슷해야지 그렇지 않으면 가장자리에 균열이 생길 수 있다.

### 7) 채유장식

자사다호를 구운 뒤에 다시 유채(釉彩)를 바르고 두 차례에 걸쳐 소성한 일종의 공예이다. 자주 보이는 것으로는 법랑채(琺瑯彩), 분채(粉彩), 로균(爐鈞), 람채(藍彩), 만채(滿彩) 그리고 점채(點彩) 등이 있다. 채유(彩釉)는 납으로 조용제(助熔劑)를 만들어서 호 위에 인물, 화훼, 산수 등의 도안의 채색화를 그리는데, 800도 남짓한 홍로(紅爐)를 거쳐 소성 제작한다. 그 중에 법랑채가 제일로 유명하고 진귀하며, 로균유(爐鈞釉)는 세상에 전해오는 게 별로 많지 않지만 그래도 진귀하다. 자사태 위에 로균유를 바른 다호는 일찍이 청 옹정, 건륭 두 시대에 보이며, 유색은 총취(蔥翠)를 위주로 한 사이사이마다 월백색이나 회남색을 섞는데, 이것은 경덕진의 로균유와 풍격을 달리 한 유색 변화의 묘취(妙趣)가 횡생(橫生)하지만, 세상에 전하는 자사태 로균유호는 별로 안 보인다.

### 8) 조사, 포사장식, 색니

의흥자사 소면호(素面壺)는 사질이 별들처럼 은근히 나타나는데, 색깔은 침박(沈朴)하며 뛰어나다. 옛날부터 호예가들은 자사호 표면의 기리(肌理)를 개선하여 풍부하게 해서 보는 이들로 하여금 기쁘게 한다. 그 중에 늘 상 보이는 것으로써 조사(調砂), 포사(鋪砂) 및 색니(色泥)의 세 가지 공예수단이 있다.

조사(調砂): 자니 속에 거칠거나 고운 모래알을 섰으면 자니의 질이 다르기에, 소성의 수축률도 다르다. 이 때문에 구워낸 뒤에 이피니(梨皮泥)의 효과가 생겨난다.

포사(鋪砂): 호비체(壺坯體)의 표면에 본산녹니의 모래알을 상감해 넣으면 모이고 흩어지고 나눠졌다 합해져서, 소성한 후에 별들이 반짝거리는 것처럼 빛깔과 肌理의 효과가 생겨난다.

고소배 作

색니(色泥): 호 위에 두 가지 혹은 여러 형태의 니색(泥色)을 쓸 경우, 표면에 분식(粉飾), 점철(點綴), 감합(嵌合) 등의 수법을 채용하여 주체가 분명토록 하여 소조(塑造)대상을 풍부하게 하는 자연적인 효과가 있다.

양근방(楊勤芳) 作

### 6. 양호(養壺)

중국차를 접하면서 자연스럽게 사용하게 되는 의흥 자사호는 사용하면 할수록 양호(養壺)의 즐거움을 느끼게 한다. 여기에서 양호란, 외형적으로는 세월감을 느끼게 하면서 기품 있는 호(壺)로 변해가는 것을 말한다. 양호는 차를 우려내는 다호에 대한 관심도가 높을수록, 그리고 차에 대한 지식이 깊어질수록 그 맛과 멋 내기 수준도 높아진다. 따라서 차를 담아내는 기물 사용에도 주의와 관심이 더욱 깊어진다.

자사호를 바르게 사용하기 위해서는 발효 정도에 따라 구분하고 있는 6대 다류[녹차(綠茶), 백차(白茶), 청차(靑茶), 황차(黃茶), 홍차(紅茶), 흑차(黑茶)]를 구분해서 사용하는 자사호가 필요하다. 자사호는 자기(瓷器)가 아닌 도기(陶器)에 가깝다. 따라서 향을 흡수하는 성질이 있는 도기인 자사호를, 우전과 같은 녹차류를 마시는 데 처음으로 사용하는 것은 주의를 필요로 한다.

자사호는 모든 차에 다 어울리지만, 양호의 즐거움은(필자의 경험으로 볼 때) 청차를 우려내는 데 사용할 때 가장 적합한 것으로 설명할 수 있다. 그 이유로 자사 다호는 도기이기 때문에 찻잎에서 나오는 차즙이 다호 몸체에 조금씩 스며들고, 그러한 과정에서 미묘한 청차의 향과 맛이 다호에 배어들어 오랜 기간 동안 다호 자체가 청차 고유의 향이나 맛을 가지게 된다. 따라서 양호를 한 다호는 하나의 차만을 위한 전용 다호로 사용할 필요가 있다. 다른 종류의 차를 우려내면 향과 맛이 혼동되어, 잘 구분할 수 없는 맛이 되므로 좋지 않다. 그렇기 때문에 차를 우릴 때는 청차나 녹차류를 구분하여 한 종류의 차를 사용하는 습관을 가지는 것이 좋다.

주의할 점은 양호를 한다고 차를 마신 후에도 다호를 비우지 않고 그대로 하루 동안 놓아두었다가 다음날 버리는 것은 좋지 않은 방법이다. 또 양호를 급조하기 위해 다호에 찻잎을 그대로 놓아두면 간혹 관리가 잘못되어 곰팡이가 생기기 때문에 불결해진다. 양호를 억지로, 급하게 한다고 하는 것이 결국은 돌이킬 수 없는 상태로 만드는 경우를 종종 볼 수 있다. 양호는 차의 품성에 맞는 다호를 준비하여 사용할 때 긴 시간을 통해서 자연스럽게 얻어지는 것이며, 차인으로서의 오랜 생활 속에 묻어나는 것이다. 사용하고 난 뒤에는 잘 씻어서, 다건으로 깨끗하게 닦고 통풍이 잘 되는 곳에 보관한다. 이때 다호를 엎어두거나 바로 두고 뚜껑을 열어두기도 한다. 어떤 방법이든 다음에 사용하기 전에 잘 건조시켜 놓는 것이 중요하다.

옥린관 호로호(玉麟款葫蘆壺)

PART Ⅷ. 중국차를 우리는 차도구 · 267

# IX 중국차, 현장의 필담

한국인은 당신들이 처음입니다
홍차, 그 전설의 고향
기문홍차의 위조공정에서의 손맛
천량차(千兩茶)를 만들며 바로 내일을 보지 않는다
천량차의 원조, 백량차(百兩茶)
황산지역에서 용정차를 만들다
육안과편의 고차수 신(神) 茶
육안과편의 초홍과 복홍
오룡차의 위조, 전통과 현대
유명한 茶만 명차가 아니다
차 상인의 비장품
삼천차를 담은 대나무 바구니
디지털 시대의 육감
600년 된 고차수 봉황단총(鳳凰單樷)
화교(客家) 의 자본으로 차 생산지 개발
보이차(普耳茶)의 연대

차밭은 그 자체가 산업공단이다
이제 茶는 자존심이다
반가운 미소
긴압차
차의 보존은 연구자료이다
희망의 차밭, 태평후괴(太平猴魁)
도시에서 느낄 수 없는 맛
화원 속에서 자라는 茶나무
대홍포는 옛날의 대홍포가 아니다
넉 잔에 담긴 無我
중국 다예표연 감상기
차를 품평하는 사람
보이차 공장에서 대접한 봉황단총
문화예술인들이 모이는 차관
보이차와 함께 마신 진년 귤피 차
에필로그

차마고도 ▶

# 한국인은 당신들이 처음입니다

**복**건성의 복안(福安)은 고급 말리화차(茉莉花茶)를 생산하는 곳이다. 남경(南京)에서 복안으로 가는 방법은 복주(福州)까지 비행기로, 복주에서 복안까지는 택시를 이용하는 것이 가장 빠른 방법이다. 그런데 남경에서 가는 복주행 비행기는 매일 가는 것이 아니었다. 지난번에는 상해에서 출발하기 하루 전 폭풍우로 되돌아오기까지 하였기에 당일 티켓을 구입하지 못하였다고 포기할 수는 없었다.

택시 기사도 초행길이라 몇 차례 길을 물어가면서 해안고속도로를 타고 12시간을 달렸다. 사람들은 녹차, 홍차, 보이차 유명산지에만 간다. 마치 박물관에 들러서 청자(靑瓷) 보자, 백자(白瓷) 보자 하는 말과 같다. 사실 재미는 발굴되어 나온 도자기들의 파편과 부근 유적지의 퉁광인데 말이다. 쉽게 말하면 무조건 유명한 곳만 찾는다는 것이 정답인지 모른다. 어렵게 간 그곳은 말리화차를 만드는 곳이었다. 그곳에서 첫 대면에 그들은 "한

국인은 당신들이 처음"이라는 말을 했다. 으쓱하기도 한 말이지만, 부끄러운 말이기도 했다. 우리가 차를 마시며 한 번쯤은 접했을 화차(花茶)…

녹차 위에 꽃을 두어 마시는 화차는 마니아들이 말하는 믹싱의 의미요, 차꾼들끼리 마시는 섞은 차와 같은 엄격한 고급차이자 기호차이다.

말리화차 속에 들어갈 꽃을 실로 묶는 작업

건조과정을 마친 차를 적당한 비율로 말리화 꽃과 섞어서 음화를 진행시키는 작업. 보통 12시간 전후로 한다.

    그냥 기호품으로 마시는 차라기보다는 무언가 차에 익숙한 이들이 그 본질만으로 충족치 못하고 향을 더하고 색을 더하기 위해 나타난 것이기에 일반적으로 본질적인 차에서 느끼는 것보다는 훨씬 더 경험적이고 역사적일 수 있다. 널리 펴져 있는 녹차 위에 하얀 이불처럼 덮여있는 말리화들은 그 모습 하나하나가 서로의 향(香)을 섞느라 매우 분주해 보인다. 마침 음화하는 공정에 참여하게 되어 주변에 서 있는 것만으로도 아찔한 향에 사로잡혔다.
    사진에 그 향마저 찍혔다면 오죽이나 좋을까 한다.

> **말리화차는 만들어진 형태에 따라 구분**
> 가공방법의 발전에 따라 말리화차의 종류는 점차적으로 더욱 다채로워지고 있다. 말리화차 속에 카네이션 꽃을 넣어 만든 만자천홍(万紫千紅), 천일홍 꽃을 넣어 만든 '말리선도(茉莉仙桃)', 말리화차 속에 말리화 꽃을 넣어 만든 '금상첨화(錦上添花)' 등 다양한 모양의 차를 개발하여 만들고, 최근에는 드물게 홍차를 넣어 사용한 것도 있다. 현지에서는 '수공예차'라고 한다. 현재 20여 가지 이상의 수공예차가 만들어지고 있다.

음화를 진행시킨다.

# 홍차, 그 전설의 고향

정산소종을 만드는 차 공장(원훈다창)

사람들은 홍차의 기원에 대해 여러 가지로 말을 한다. '운반을 하는 도중에 대바구니 안에서 자연 발효되었다'느니, 아니면 '오래 두었더니 그렇게 되었다'는 등의 이야기이다. 황강산(黃崗山) 아래 '동목촌(洞木村)'에서 생산되는 홍차 중에서 유럽에서까지도 최고의 품질을 인정받고 있는 차를 '소종홍차(小種紅茶)'라 부른다. 소종홍차 가운데에서 정산소종에 대한 사실까지도 그 이야기 중에 하나가 될지도 모르겠다. 동목촌에서 대를 이어 4백 년째 차를 만들고 있는 무이산 원훈다창의 강원훈(江元勳) 사장의 말에 의하면 청나라 초에 오랫동안 방치되었던 차에서 특이한 냄새가 나는 것을 없애기 위해 찻잎을 깔고 아궁이에 소

원훈다창 주인 강원훈(江元勳) 씨의 홍차 역사에 대한 진지한 모습

나무로 불을 지펴 말린 후 외국 상사에 판매되어 큰 호응을 얻게 된 것이 정산소종(正山小種) 홍차 제다법의 시작이라고 하였다. 그의 말은 3층 구조물의 공장에서 쉽게 확인할 수 있었다.

원훈다창은 3층 목조건물로서 아궁이에서 소나무로 불을 땠을 때 1층에서는 찻잎의 수분을 건조시키고 2층은 유념이나 발효를 진행시킨다. 목조건물이어서 1층, 2층, 3층까지 연기가 올라온다. 그래서 실내위조는 기문홍차의 위조조와 다른 형태를 가지지만 소나무 연기로서 훈증하는 특별함을 지니고 있다. 이곳에는 홍차를 만드는 건물과 시설이 100년의 세월 동안 남아 있어 위의 이야기가 믿지 못할 옛 이야기가 아님을 확인시켜 준다.

'소종홍차(小種紅茶)'는 '정산소종(正山小種)'과 '외산소종(外山小種)'으로 구분되며, 동목촌을 중심으로 생산되는 차를 '정산소종'이라 부른다. 여기에 '정산(正山)'이란 말을 붙인 것은 '진정한 고산지대에서 차를 채집했음'을 뜻하는 것이다. 동목촌 바깥 지역에서 생산되는 차는 '외산소종'이라 하고 정산(正山)에서 생산된 차 중에서 마지막 건조 시 소나무 연기에 그을린 것을 '연소종(煙小種)'이라고 한다.

실내위조 : 30℃ 정도의 온도에서 약 5시간 전후로 시들리기를 한다.

실외위조

# 기문홍차의 위조공정에서의 손맛

실내에서 위조조에 의한 위조방법

늘 차 생산지를 찾아 가며 느끼는 것이지만, 차 공장마다 마스터와 같은 사람을 만난다. 이번에는 기문홍차 생산 라인을 보며 이 중에 한 장면을 목격하며 가슴 벅참을 감출 수 없었다. 대단한 광경, 그 중에서도 위조공정에 들어가 보니 많은 양의 찻잎이 쌓여있는 가운데 잎의 일정한 수분을 제거하는 과정에서 온도를 맞추고 찻잎을 뒤적이는 것은 단 한 사람의 손으로 하고 있었다. 찻잎이 위조조에서 변화하는 과정은 수분을 증발시키고 찻잎 내 함유물질에 변화가 일어나는 과정이라고 볼 수 있다. 그의 손에 느껴지는 온도, 그만의 직감으로 기문홍차의 위조공정이 전지적으로 이루어지고 있었던 것이다. 기계화와 수공의 갈림

길에서 진일보하는 찰나의 중국 기문홍차의 수작업이 마지막이 될지도 모르는 이 광경. 그만큼 전문인들이 있었기에 발전할 수도 있겠지만 손맛으로 탄생되는 차들이 점점 줄어들어가는 것에 대한 향수랄까, 그를 기록해 두고 또 후세에 남겨 홍차의 또다른 향기를 전해주고 싶다.

공부홍차는 일반적으로 위조엽의 수분 함유량이 60~64%이다. 홍쇄차는 58~62%이다. 수분함유량의 원칙은 봄차는 수분 함유량을 낮게, 여름차는 높게, 어린 잎은 낮게, 늙은 잎은 높게, 대엽종은 낮게, 중·소엽종은 높게 하는 편이다.

실내에서 위조조에 의한 위조방법

# 천량차(千兩茶)를 만들며 바로 내일을 보지 않는다

퇴적 후 건조과정을 거친 모차를 증기에 찌기 전 저울에 단다(약 12kg).

냥쭝이라는 무게단위는 중국대륙 공통의 환산단위이다. 열 냥, 백 냥을 넘어 천 냥이라는 단위는 큰 단위가 아닐 수 없다. 큰 무게를 가진 이 차(茶)는 과연 어떤 소비자들에게 가능했을까?

천량차는 높이 150cm, 지름 20cm, 안팎의 원주형(圓柱形)을 이루며 무게를 1,000량(千兩)으로 만들었다고 해서 천량차라고 불린다. 현재 차 시장에서 유통되고 있는 천량차의 무게는 약 36kg이다. 쉽게 말하면 경제의 바로미터라고 할 것이다. 즉 소비가 활성화되는 것은 곧 경제활성을 의미한다. 중국이 크니까 크게 만드는 것이 아니냐라는 반문이 나올 수 있지

만 정작 큰 소비는 개인에게 이루어지는 것이 아님은 이미 주지의 사실이다.

이 차는 名茶의 반열에 낀 차(茶)는 아니다. 하지만 개인이 아닌 많은 이들이 즐긴 증거가 바로 무게에서 드러나고 있다. 처음엔 100냥, 그 후에 천량차로 만들어지고, 이후 쇠퇴하여 납작한 전차의 시절을 겪은 후에 지금에 이르러 다시 천량의 무게로 거듭나고 있다.

자그마한 전차로 생산하는 것은 일반적인 공정과 다를 바 없다. 그러나 마치 죽부인 같은 채롱에 천량차가 만들어지는 것은 공정의 형태가 곧 문화의 형상임을 알려준다.

천량차는 중국 정부수립 이후인 1952년부터 호남성 안화현의 백사계(白沙溪) 다창에서 1958년까지 주로 생산하였다. 그러나 차를 만드는 방법이 어렵고 너무 힘이 들어 생산량과 효율성이 떨어지자, 쉽게 만들면서 효율성을 높일 수 있는 사각 모양의 전차로 바뀌게 된다. 이렇게 하여 생산된 차가 '화전차(花磚茶)'이다. 차의 무게가 2kg이며 모양은 직사각 형태로, 사각의 테두리에 꽃모양이 찍혀져 있는 벽돌 모양으로 긴압하여 만든 차이다.

그 후 천량차는 1982년까지 생산이 중단되었다. 이를 백사 차창의 부청장이자 중국다엽학회 회원인 왕형남(王炯楠) 씨가 역사적으로 천량차가 사라져가는 것이 안타까워 1950년대에 차를 만들었던 옛 기술자들을 초빙하여 이 차를 재현하였다. 그것이 1983년도. 그리고 다시 1997년에 시장의 요구에 따라 약 450개 정도를 재생산하게 되었고, 이를 필두로 지금까지 생산은 계속되고 있다.

기술을 가진 자들을 다시금 불러모아 천량차를 제작한다는 것은 근본적으로 차(茶)에 대한 자신이 없다면 무용지물이 될 수 있다. 그만큼 근본적으로 차에 대해 추호의 의심이 없다. 많은 이들이 선별된 깨끗한 흙바닥에서 공동으로 작업을 한다. 대나무가 사람의 살보다 단단하기에 그들은 종아리에 두터운 헝겊으로 무장을 한다. 길쭉한 대발을 다시 대나무로 감싸 고정시키는 일은 옆에서 보는 것만 해도 보통 작업이 아니다. 그 과정을 거쳐 거대한 긴압차가 만들어지게 되면 대나무와 옥수수 잎의 긴밀한 압착을 견뎌내면서 세월을 보내며 발효가 시작된다. 아니 그곳에 차가 들어와 이미 천량차의 운명 속으로 들어가는 것이다.

사람이 많다고는 하지만 기술 있는 이는 드물다. 그러한 기술을 가진 이들이 모여 일을 하기는 더욱 어렵다. 더욱이 차를 만드는 독특한 기술을 눈앞에서 보게 되면 일상 편히 대하는 차(茶)에 대해 다시금 생각하게 된다. 천량차가 발효가 늦다고 하여 전차 형식을 가지게 되지만 그 무언가 부족함이 있었다.

운반에, 나눔에, 소유에, 발효에 편했지만 부족한 것은 바로 시간이었다. 발효는 그 차가 만들어지는 모든 주변 재료가 정확히 갖추어지고 난 후에도 그에 알맞은 시간이 필요했던 것이다. 지금 그들의 발에 굴려 만들어지는 천량차는 이제부터 기다릴 것이다. 누가 조급증을 낸다 하더라도 굳건하게 시간을 채울 것이다.

그들은 천량차를 만들며 바로 내일을 보지 않는다. 그들의 눈빛은 오랜 시간의 뒤를 쳐다보고 있다.

발을 굴리면서 댓살을 잡아당겨 차의 부피를 줄이면서 형태를 만든다.

# 천량차의 원조, 백량차(百兩茶)

우리나라에 알려진 흑차 가운데 천량차가 있다. 하지만 천량차의 그 무게감과 부피 그대로를 본 사람은 드물다. 즐길 만큼의 분량과 소지할 부피만 보았을 뿐, 천량차(千兩茶)는 보이차나 용정차처럼 그 종류를 나타내는 대명사로 각인되었다. 천량차의 유래는 변방지역 혹은 먼 거리의 소비처로 향하기 위해 효율적인 운송형태를 가지고 태어났다. 그러한 천량차가 처음 생산되었을 때는 차의 무게가 100량인 '백량차(百兩茶)'로 만들어졌다. 그런데 청나라 동치(同治 : 목종, 1862~1875년)황제 재위 때, 진(산서성과 하북성의 남부 지역)의 '삼화공(三和公)'이라는 茶가게에서 차를 좀 더 쉽게 운송하기 위해서 큰 댓살바구니를 이용하여 백량차의 무게를 증가시켜 천량차로 만들기 시작했던 것에서 지금의 차가 비롯되었다.

모차(毛茶)에서 줄기와 센 찻잎을 선별한다.

백량차 건조과정

교통이 발달한 현재, 굳이 천량의 무게와 부피를 갖지 않아도 충분하시만, 선동적으로 인 지도를 가지고 굳어진 인식 속에 천량차는 존재한다. 그러나 그 천량차를 만들어 냈던 초기의 형태인 백량차의 존재는 현대의 상식에서 아련히 떠오르는 옛 추억을 더듬듯 원류의 감동과 오리지널(Original)의 소중함을 아울러 느끼게 한다.

댓살을 잡아당겨 차의 부피를 줄이면서 형태를 만든다.

# 황산지역에서 용정차를 만들다

황산모봉을 만드는 차밭

**황**산모봉은 청대 광서년간(淸代光緖年間, 1875~1909)에 사유태차장(謝裕泰茶莊)의 사정화(射靜和)에 의해서 만들어졌다. 황산은 안휘성에 있고, 1,000m 이상의 봉우리가 연이어지는 기암과 깊은 안개에 쌓인 선경의 땅, 중국 유수의 경승지이다. 그리고 차 옆에 흰 솜털이 도드라져서 '모봉(毛峰)'이라는 이름이 있다.

  중국의 명차 가운데 녹차 계열에서 황산모봉은 명차로 평가받고 있으며, 명차로서의 특성을 살린 차는 4월 10일 이전에 산지에서의 수확이 끝난다. 그래서 실제 황산모봉의 수확지에 가면 아주 넓은 차밭에서의 생산은 황산모봉 하나만으로는 너무나 아깝지 않을 수 없다. 그러므로 그 이후에는 황산모봉을 만들던 찻잎으로 낮은 등급의 황산모봉을 생산하거나 항주의 특산품이라 할 수 있는 용정차의 형태로 만들어지고 있음을 확인할 수 있다. 하지만 대규모의 차밭에서 채엽되어 온 찻잎들이 일일이 사람의 손으로 만들어지고 있지는 않았다. 나름대로의 규모 있는 생산이 필요한 그들에게 과학적·기계적 생산은 필수 요소였으리라. 기술자들이 솥과 같은 기능을 하는 기계 안에 손을 넣어 찻잎을 가공하리라는 생각과는 달리 솥 안에서는 찻잎을 손으로 누른 용정차와 같은 모양을 내기 위해서 정밀한 기계가 작동되어 양쪽으로 왕복하고 있었다. 사실 실망하는 마음도 있었다. 하지만 기계 안에서 사람의 손 대신 작업하는 것에서 매우 정교하게 찻잎을 다루는 것을 보면서, 전통의 현대화·기계화라는 발전방식이 중국에서 엄청난 효율성을 가지고 있음도 확신할 수 있었다.

농가의 소득과 생산성 향상도 놀랄 일이지만 한 종류의 차로 다양한 제품을 만들어 낸다는 것은 그만큼 기술이 뛰어남을 반증한다. 항주에서의 용정차는 오로지 손맛이지만 그곳에서는 그 정교함을 대신 맡겨 놓았다. 전통의 현대적 변용이라 할 수 있는 이 작업은 사람의 손을 능가하고 있었다. 무서운 전통, 무서운 현대화에 만들어져 나온 찻잎을 보며 감탄해 마지 않았다.

황산모봉 찻잎으로 만든 용정차

용정차의 형태를 기계로 만들고 있다.

마무리 공정에서 털을 제거한다.

한 사람이 기계 2대 관리

# 육안과편의 고차수 신(神) 茶

2005년 5월

2006년 4월

안휘성에서 육안과편의 주 생산지는 육안시에 있다. 육안시 남쪽 동하구(東河口) 동석순(東石笋)에 있는 자연보호구역은 입구에서부터 야생 차밭으로 곳곳에 군락을 이루고 있다. 보호구역 입구에서 150m 정도 올라가면 왼편에 바위로만 형성된 경사진 야생 차밭을 볼 수 있다. 학자들에 의하면 150년 이상 된 야생차 군락지라고 한다. 이런 야생차 군락지를 보고 내려와서 반대편 개울가 쪽으로 보면 깎아지른 경사지에 수령 300년 이상 되었다고 하는 고고하게 생긴 한 그루의 차나무를 발견하게 된다. 이 지역사람들은 신(神)이 지켜주는 나무라고 하여 '신(神) 茶나무'라고 한다.

300년 된 차나무

# 육안과편의 초홍과 복홍

다파(茶把, 제다에 이용되는 빗자루)를 이용한 살청

육안과편과 석순야차의 제조과정을 보면 위조(萎凋) - 선별(選別) - 살청(殺靑) - 랍모화(拉毛火) - 초홍(初烘) - 랍로화(拉爐火) - 복홍(復烘)의 과정을 거치고 완성된다. 농가마다 제다할 수 있는 공간에 따라서 방식은 달라질 수 있다. 규모가 아주 작은 농가에서는 랍모화(拉毛火)의 건조를 30분 정도로 하고 잎의 상태나 기후에 따라서 1~3일 정도의 숙성건조과정을 지나서 랍로화(拉爐火), 즉 복홍이라는 과정을 하기 위해 규모 있는 공장에 가져가서 완성하게 된다. 랍로화 과정에서는 목탄의 센 불에 차를 5~7초 정도 살짝 올렸다가 내려서 골고루 뒤집어 주기를 많이 할 때는 60~70여 회를 반복한 후 널어서 식히면 차가 완성된다. 안휘성 곳곳의 차 시장에서 랍로화 과정은 차 상점 앞에서 하는 것을 쉽게 볼 수 있다.

초홍(랍로화)

건조

육안과편의 랍로화[拉爐火, 복홍(復烘)] 과정

복홍과정을 마친 후 널어서 식힌다.

# 오룡차의 위조, 전통과 현대

전통방식의 위조

중국은 모든 차 가공공정에서 전통의 현대화를 만들어가고 있다. 특히 대만은 곳곳의 차 공장에서 보이는 그들의 가공방법은 무엇이 옳다 그르다가 아닌 품질에 따른 가공공정의 수준이 다르다고 볼 수 있다. 위조(萎凋)는 차 생산에서의 초기 공정이지만 공장마다 비슷하면서도 다른 수준의 공정이 이루어지는 현실을 어떻게 설명해야 할까? 대량생산을 위해서는 누구도 현대화·기계화를 거부할 수 없기 때문이다. 위조에서 전통방식으로 할 경우 생산량은 줄지만 찻잎의 상태에 따라서 구분하여, 하나하나 손으로 만지며 차를 살피면서 할 수 있다. 고품질을 위해서 필요한 공정이다. 하지만 대형 기계로 에어컨을 이용하여

습도 조절을 한다면 하루에 상당한 물량을 처리할 수 있는 장점을 가지고 있기 때문이다. 알고 간 것은 한 가지 정보이지만, 막상 그 기술의 원천지역에서 보고 느낀 것은 무궁한 기술적 방법이며, 그러한 방법이 생겨나고 발전된다는 것이 무엇인지 정확히 알게 한다.

실내 위조공정에서 교반

# 유명한 茶만 명차가 아니다

무이육계 차밭

무이암차는 1908년에 이르러 전성기에 들어섰으며 연간 차 생산량이 50만 근(斤)에 달했다. 그때 유명한 암차로 대홍포, 철라한, 백계관, 반천요, 수금귀를 5대 명차로 꼽았다. 최근에 무이암차에서 6대 명차를 꼽을 때 맨 끝에 위치한 육계(肉桂)는 품명으로서는 그리 큰 조명을 받지 못했다. 하지만 육계가 가장 좋은 무이암차로 알려진 대홍포와 육안으로는 구분이 되지 않는다는 사실은 놀라운 일이었다.

겉핥기식으로 스쳐 지나 갔다면 모를 일이지만 수 차례 무이암차 생산지를 드나들며 그들만의 비법을 알게 된 후에는 브랜딩의 실체가 육계라는 사실을 알고서 실소를 금치 못했다.

최고의 명차로 알려진 대홍포의 품계가 육계를 얼마나 적게 섞었는가를 통해 구분된다는 사실은 무이암차의 6대 명차 가운데 6번째의 품명을 가진 육계라는 선입견을 모두 무너뜨리기에 충분했다.

  이 말은 순수한 대홍포의 품계만으로 만든 우수한 차를 폄하하는 것이 아니라 우수한 품질의 대홍포는 분명히 존재한다는 뜻이다. 하지만 일부에서는 차 맛을 잘 구분할 줄 모르는 이들을 대상으로 만들어진다고 보면 된다. 그래서 결국 대홍포의 조커는 육계였다. 차의 품성이 근본적인 차맛을 흐트러뜨리지 않고 훌륭하게 조화된다는 것은 얼마나 기막힌 차의 성질인가.

  육계를 다시 돌아보게끔 한 이 사실은 육계만의 품종과 육계라는 이름의 차에 대해 새로운 시각을 부여했다. 무이암차 종류에서 첫 번째로 꼽는 대홍포보다 육계에 더욱 끌리는 시선을 가지게 된 것이 이제 무이암차 계열의 속내를 훤히 보게 되어서 그런 것인지 아니면 육계의 훌륭한 차성(茶性)을 재발견했기에 그런 것인지는 저울질할 수 없지만 그동안 폄하했던 육계에 대한 평가는 적잖이 수정되어야 할 듯싶다.

# 차 상인의 비장품 |광동의 다예낙원(茶藝樂園)

중국 광동에서 찻집으로 유명한 다예낙원(茶藝樂園)의 주인 진국장(陳國璋, 61세) 씨를 만날 때마다 새로운 차들을 만나곤 했다. 그를 통해서 노차의 진맛을 보기도 하여 만날 때마다 설렘도 있었다. 2005년 9월에 방문했을 때 차에 관한 좋은 자료를 찾고 있는 김경우 씨에게 주려고 준비한 1950년대 무이암차 연구자료와 큰 대바구니 2개를 들고 왔다. 흑모단이라고 하면서 보여준 차는 찻잎으로 만들어낸 한 송이 꽃이라고 하는 녹모란(綠牡丹)으로 세월이 지나서 변한 것이라고 개완으로 차를 내어 주었다.

차의 색이 흑갈색으로 변한 것을 보면서 첫 느낌에 후발효(後醱酵, Post - fermentation) 된 차인 것을 알 수 있었다. 후발효는 반드시 미생물의 개입으로 인한 발효가 아니더라도 자연적으로 발효된 것도 후발효차라고 할 수 있다. 그동안 많은 만남 속에서도 보이지 않다가 마

치 비장의 무기를 꺼내듯 보여준 茶이기에 사실 놀라움이 더했다. 혹 이런 화면이 기억나는가? 어느 한 물건이나 광물이 오랜 세월을 거치면서 풍화되고 빛바래어 가는 고속필름 장면…

그 맨 끝장면이 눈앞에 펼쳐진 것은 평범하지만 오래 전 대바구니 안에 흑차 같은 거무틱틱한 빛을 가지고 꽃잎 하나 흐트러뜨리지 않은 고색창연한 국화송이처럼, 그렇게 놓여있는 자연발효의 산술이었다.

만들어 낸 이야기를 들으니 더욱 놀라웠다. 찻잎 하나하나를 실로 묶어 마치 꽃 송이처럼 만들어 대바구니에 얹어 놓고 수년 동안 그대로 발효가 된 것이다. 그래서 중국이란 나라는 내가 본 것이 다가 아니라 극히 일부분에 지나지 않는다는 사실을 또 한 번 느끼는 시간이었다. 광동(廣東)과 북경(北京)은 전국의 차들이 모이는 곳이다. 매번 갈 때마다 북경시장 구석구석을 다녔는데도 그런 차를 만나지 못했다. 우리가 일상에서 비장품이라고 하는 것은 값이 비싸고 희귀하다고 하는 특별한 것이 아니라, 차꾼들이 즐길 수 있는 차를 만들어 내어보이는 것이 아닌가.

# 삼천차를 담은 대나무 바구니

지난 세월 속에서 흑차가 만들어진 배경과 홍차가 만들어진 유래 등은 많이 알려진 이야기이다. 차보다는 당시 그 차들을 숙성발효시켰던 바구니들이 무척 궁금했다.

우리 대나무 광주리처럼 생겼다면 산차를 넣었을 때 작은 틈으로 새어나오지는 않았을까. 삼천차를 담은 대나무 바구니들을 보면 뚜껑이 없는 그야말로 대나무가 촘촘히 들어찬 중국만의 차 보관 도구였다는 생각이 든다. 납작한 직육면체의 형태는 상하좌우가 자연스러운 뚜껑 형태로 포장된 듯 형성되어 있고 그 안의 산차들은 그 형태 그대로 눌리고 잦아들어 단단한 차 덩어리를 만들어 낸다. 차가 어떻게 그런 형태로 변했을까를 눈으로 직접 보니 중국의 전통이 실감난다.

삼천차를 담고 있는 대나무 포장

# 디지털 시대의 육감

디지털 시대에 종종 사람들의 경험과 연륜은 미디어 매체에 깜짝 놀랄 광경으로 비추어지고 있다. 한 손에 잡은 밥알의 개수를 정확히 맞춘다든가 오차 없이 기계를 세우거나 개수를 정확히 뽑는 일 등… 디지털 저울에 무게를 잰 후 이루어져야 하는 차 품평에서의 일이기에 눈으로 보고도 실로 믿지 못할 일이었다. 그의 손에 의해 집어 올려진 찻잎들이 50여 년을 사용한 저울에 얹어졌을 때 정확한 수치를 기록하면서 품평작업이 이루어졌다. 오늘날 정밀한 계측기기가 이용되어도 고수의 작업장에 가면 손가락 끝의 감각이 최첨단 기술보다 우위에 있음을 증명하듯 품평에서 보여준 손끝의 신기는 진정한 Meister(Master)가 무엇인지 보여주었다.

# 600년 된 고차수 봉황단총(鳳凰單欉)

**봉**황단총은 수선종의 한 품종이며 차 이름은 생산지의 지명인 봉황산의 봉황과 차나무가 자라는 환경과 제다법의 특성 때문에 봉황단총이라고 한다. 또한 송나라 때의 차나무는 송차라고 하며, 그 나무에서 유성번식(차나무 씨에 의한 번식)된 것을 송종이라 한다. 지금 현재는 봉황산이나 오동산에 송차는 없고 송종만 있다.

봉황산에서 가장 오래된 송종 차나무는 오동촌(烏崬村)에 있으며, 필자가 처음 방문할 2004년에는 관리 보존하여 해마다 소량이지만 차를 만들고 있었지만 현재는 죽었다.

봉황단총은 차나무의 향에 따라 구분되고 이름이 정해진다. 야생의 수선 품종 차나무가 자라면서 일종의 돌연변이에 따라 독특한 차향이 나는 나무를 모주로 하였는데, 이를 번식 재배하여 동시에 차의 향을 유지하게 하면서 한 종류의 품종 이름이 된다.

※ 2016년 고사되었다.

600년 된 송종 차나무

# 화교(客家)의 자본으로 차 생산지 개발

유태인들은 독자적으로 움직이면서 자본가로 만들어졌지만, 화교는 이른바 Town 중심의 공동체적 집단을 만들어 경제적 중심으로 형성되었다. 중국의 유태인으로 불리지만 그들은 유태인과는 사뭇 다른 성격이 있다. 자신들이 자리 잡은 지역에서의 경제적 실권을 그리 크게 내세우지 않고 은근히 지역경제를 장악하는 것이 특징이다. 사실 동남아시아의 현실이 이와 같다. 이러한 객가들이 본토로 금의환향이 자유로웠을까? 그렇지 않다.

1850년대까지만 해도 중국인의 해외이주는 불법이었으며 정부는 화교들을 보호하지 않았다. 그러나 서양과 외교관계를 수립한 이후 화교들이 사는 곳에 관심을 보이기 시작하였다. 1970년에 중국은 동남아시아 국가와의 관계회복을 위해 화교를 우호사절로 이용하였다. 화교의 고국방문과 송금의 허용, 화교와의 무역증진 조치 등으로 자본유입이 쉬워지면서 화교와 중국과의 관계는 크게 개선되었다. 경제적으로 화교는 '제2의 중국혁명'이라 불리는 경제개방에 선도적인 역할을 수행하며 상당한 몫을 차지하고 있는 셈이다.

이러한 투자는 상당히 많은 지역과 인원이 동원되어 진행되고 있는데 대만에서의 대륙투자가 진전될 상황이라면 매우 많은 변화가 느껴지기도 한다. 그 중 하나로, 최근 인도네시아의 화교가 300억(한화)을 투자하여 개발이 한창인 봉황단총 주생산지인 봉황산은 천혜의 자연환경을 자랑으로 차밭과 함께 관광지로 만들고 있다.

이 결과가 중요한 것이 아니라, 이렇게 할 수 있는 중국인들의 정신세계가 중요하다. 마냥 인구가 많아 그럴 수도 있다는 막연한 추측은 필요가 없다. 동남아, 동북아의 대단한 자본들이 중국 본토로 밀려 들어가며 차 산업은 일부이지만 융성한 발전이 예상되는바 그 중에 상상하지 못할 변화를 추측할 수 있다.

인도네시아 화교가 투자한 관광문화지역 조성현장

멀리 호수가 보이는 주변은 전부 차나무이다.

# 보이차(普洱茶)의 연대

긴압된 보이차 일곱 편을 대나무 껍질로 하나의 통으로 포장한 것

보이차에 관해서는 필자의 지극히 주관적인 입장이라는 점을 먼저 밝힌다. 보이차를 좋아하는 사람으로서 보이차가 왜곡되지 않았으면 하는 바람이다.

건강하고 좋은 차도 많이 있는데 오래된 보이차로서 호급(동경호, 경창호 등), 인급(홍인, 남인, 녹인 등) 수준의 차는 꼭 특수한 신분을 가진 자만의 전유물은 아니다. 이전에 다른 사람보다 먼저 보이차의 우수한 점을 잘 알고 훗날을 위해 준비한 분들도 많이 있다.

호급, 인급 수준의 보이차가 아무리 좋다고 하여도 그러한 차를 마시지 않으면 차를 잘 모르는 사람으로 비하하는 말을 해서는 안 된다. 예를 들어 말차를 마시는 데 있어서 일본에서 전세되어 오는 고미술품 수준의 이도다완에 마시지 않으면 차 맛을 모르는 사람이라고 하면 얼마나 우스운 일인가? 차를 담는 그릇에 따라 차 맛이 다르다는 것도 잘 알고 있지만, 차인(茶人)이라면 그렇게 이야기 해서는 안 된다. 또한 모든 차가 오래된 것이 좋은 것이 아니라는 것도 생각해야 할 부분이다.

사람들은 오래된 보이차에 대해 여러 가지 말을 한다. 결론부터 말하자면 함부로 말할 것이 못 된다. 그 이유는 검증할 방법이 없다는 것이 첫째요, 그 둘째는 오래된 보이차처럼 만들 수 있는 방법이 존재한다는 것이다. 이것이 몇 년 된 것이요, 이것이 몇 년 된 것이다 라는

일차 가공한 찻잎을 퇴적(堆積)

말은 시쳇말로 그것이 그 세월이 되는 것을 옆에서 본 일이 있냐고 되물을 경우 답이 나올 수는 없는 일이다. 다만, 오래된 보이차라고 하는 차의 공통점은 맛이 순하고 담백하며 고유의 향이 있다. 그래서 그러한 차를 찾는 것은 사실이다.

보이차는 가내 수장을 하고 대를 이어 지켜보면서 음용하고 비축하는 것을, 차를 즐기는 종국의 대가(大家)에서는 흔히 볼 수 있는 것이다. 외부에서 유입되는 오래된 보이차는 그들조차도 신빙성을 가지지 않는다. 차는 어떤 종류이든지 차를 만들 당시에 건강한 찻잎으로 만드는 것이 가장 중요하다. 만들어진 차는 보관이 중요하고 훗날 차가 가진 차성의 품질 여부도, 결정도 보관상태에 있다고 해도 지나치지 않는다. 차는 차 자체일 뿐이다.

최근 중국에서는 1973년 운남성 곤명(昆明) 차공장에서 보이차를 미생물이 관여한 발효 방법을 개발했다. 이 방법은 정통 보이차의 산화작용과는 달리 일차 가공한 찻잎을 퇴적(堆積)이란 공정을 거쳐 미생물을 통해 인위적으로 발효시켜 쾌속 진화하게 한다. 보이차를 만드는 과정에서 퇴적이란 공정은 분명히 중요한 공정으로 보인다.

일반적인 서민들이 보이차를 마시고자 한다면, 세월이 많이 지난 보이차에만 눈을 돌릴 것이 아니라, 건강한 보이차를 구해서 집안에 두고 행복을 저축하는 것도 오랜 기간 차를 즐길 수 있는 하나의 방법이라고 생각한다.

보이차를 연구하는 과정에서는 고대보이차와 근대보이차에 대한 개념정리가 필요하다. 고대보이차와 근대보이차의 구분은 짱유화(姜育發) 교수의 자료를 아래와 같이 전재한다.

### 고대보이차

'보이(普洱)'라는 명칭은 역사적 지명에서 얻어진 이름이다. 그 유래는 토착민인 하니족(哈尼族)의 어원에서 비롯되었다. '보(普)'는 성채의 뜻인 채(寨), '이(洱)'는 물굽이의 뜻을 지닌 수만(水灣)이다. 이러한 토착민의 어원에서 비추어 볼 때 '보이(普洱)'라는 의미는 곧 물굽이가 있는 성채라는 것을 알 수가 있다.

'보이차'의 명·청시대 당시의 전남(滇南), 곧 지금의 서쌍판납과 사모지구(思茅地區), 특히 소위 6대 차산(茶山)에서 생산된 찻잎으로 당시의 행정소재지였던 '보이부(普洱府, 지금의 普洱縣)'에서 가공, 판매하여 얻어진 이름이다.

보이차의 산지는 란창강유역 사보구(思普區), 곧 오늘날 서쌍판납 경내에 분포되어 있다. 청나라 옹정(雍正) 7년(1729), 연차적으로 보이부(普洱府), 보이진(普洱鎭)을 설립하여 오늘날까지 약 200년 역사를 가지고 있다.

그러나 운남성 소수민족의 역사는 기원전으로 거슬러 올라간다. 기원전 400년 춘추전국(春秋戰國)시대에 중원의 일부 종족들이 전란(戰亂)에 시달려 고향을 버리고 남쪽으로 이동하여 지금의 운남성(雲南省), 귀주성(貴州省), 호남성(湖南省), 광서성(廣西省) 등 산중오지의 울창한 정글 속으로 집단 이주하였다. 이때 중원 파촉(巴蜀, 오늘의 사천성 중경 성도 지역 및 湖北省 巴東 楊子江유역)에서 운남성으로 이주한 푸인(濮人)들은 하와족(哈瓦族), 더앙족(德昂族), 푸랑족(布朗族) 등의 여러 종족으로 나뉘어 깊은 오지에서 자신들만의 독특한 문화와 전통을 지키며 오늘날까지 이어오고 있다.

푸인(濮人)들이 살았던 파촉지역은 중국차의 원산지이고 세계적으로 제일 오래된 야생 차나무가 발견된 곳으로서 현재도 커다란 야생 차나무들이 집중적으로 대량 보존되어 있는 곳이다. 따라서 중국에서 제일 먼저 차를 접한 사람들은 바로 이곳에 거주했던 그 종족들이었다.

운남성의 차에 관한 기록으로서 현존하고 있는 최초의 문헌은 당나라 함통 3년(咸通, 862년) 외교사절로 이곳을 방문한 혁작(奕綽)이 저술한 야만인에 관한 기록인 「만서(蠻書)」 제7권이다. 그 기록을 살펴보면 "이 지방의 찻잎은 은생성(銀生城) 경계 선상에 있는 여러 야산에서 자란다. 그들은 찻잎을 채취하지만 일정한 제다법이 없고, 몽사(蒙舍), 서쌍반나로부터 5백 리 밖의 지방 사람들은 산초, 생강, 계피 등을 찻물에 넣어 함께 끓여서 마신다."라고 서술하고 있다. 이 기록을 보아 그들이 차를 마시는 방법이 중원의 음다법과 일치하는 것임을 알 수가 있다. 고증에 의하면 은생성은 지금의 운남성 남부의 경동(景東), 사모(思茅)와 서쌍판납 일대이다.

13세기 몽고족들이 중원을 통치했던 원(元, 1281~1367년)나라 때 비로소 이곳의 찻잎 이름에 관한 문헌이 만들어졌다. 원나라 때 운남성에 보이부(步日部)라고 부르는 곳이 있었는데 후에 이 지방 토속 음(音)을 따 중앙에서 한자로 변환하여 보이부(普洱部)로 표기했다. 때 마침 중앙에서는 이곳의 찻잎을 부를 이름이 없어 보이부의 '푸(普)' 자를 따서 보차(普茶, Pu Cha)로 명명하였고, 보차(普茶)는 차마무역(茶馬貿易)의 번창에 따라 티벳, 위구르족 등의 사이에서 크게 알려지고 사랑을 받았다.

한편 원나라가 망하고 중앙정권이 바뀌게 되자 명(明, 1368~1644년) 왕조가 탄생한다. 홍무(洪武) 24년(1391년) 9월 16일에 명나라 건국 태조(太祖) 황제 주원장(朱元璋)이 덩어리차인 단병차(團餠茶)를 만드는 것을 폐지하는 칙령을 내려 잎차인 엽차를 우려 마시는 포차법(泡茶法, Brewing Tea)시대가 열린다. 이 칙령으로 몇천 년 동안 중국 차문화를 이끌어왔던 덩어리차는 중원의 차역사에서 영원히 사라지게 된다.

그러나 중앙 행정력 밖에 있는 이곳 운남성에서는 중앙 차문화의 영향을 받지 않았으므로 덩어리차의 문화를 그대로 이어간다. 명나라 만력(萬曆)년간 사조제(謝肇淛)의 「전략(滇略)」의 내용 중 "이곳 전(滇, 운남성의 약칭)지방에서 사대부와 서민들이 마시는 것은 모두 보차(普茶)인데 쪄서 덩어리로 만든다."고 하였는데 이는 중앙에서는 찻잎을 우려 마시는 반면 전에서는 덩어리차를 즐겼다는 것을 강조하는 대목이며 또한 보차(普茶)라는 이름이 문자로서 처음으로 나타난 문헌이기도 하다.

보이부(步日部)는 보이부(普洱部)로 개명한 후 점차 운남성의 제일 중요한 찻잎 집산지의 중심부로 부상한다. 수부(首府)였던 보이부는 정치, 문화, 상업의 중심지로서 빈번한 동서교통의 왕래를 가져왔고 차마대도(茶馬大道)를 통해 방대한 차마교역(茶馬貿易)이 진행되었다. 또한 서쌍판납 및 란창강(瀾滄江), 메콩강 상류 부근의 야생 차나무의 찻잎으로 제조한 차의 제품은 모두 보이현(普洱縣)에서 모아 출하하고 이곳을 통해 무역이 이루어졌으므로 보이차라 부르기 시작했다.

흑차(黑茶)라는 용어는 15세기의 문헌 「명사(明史)」 중 「다법(茶法)」에서 처음으로 등장하게 된다. "상차(湘茶, 湘은 湖南省의 약칭)는 품질이 낮아 모두 검은색으로 만들어져 흑차(黑茶)로 되었다."라고 기술되어 있다. 이는 호남성, 운남성, 사천성 등의 오지에서 자란 야생 찻잎이 부득이 긴 시간 동안 묵혀 자연발효한 후 비로소 마셔야 했다. 이러한 찻잎이 자연 산화되어 검게 변해 버렸던 것을 처음 접한 중앙에서는 이를 흑차라고 표현했던 것이다. 오늘날 중국의 후발효차(後醱酵茶, Post-fermentation Tea)는 이에 근거를 두어 제다공정과 관계없이 모두 흑차라 부른다.

## 근대보이차

청나라부터 자연발효시킨 방법으로 만들었던 보이차, 곧 소위 호급보이차, 인급보이차, 중차보이차 등 청병보이차는 홍콩으로 수출해 왔으나 즐기는 사람이 많지 않아 대부분 창고에 쌓아 버려진 상태에서 1980년대 말 보이차의 열풍이 해외 화교들 사이에서 불기 시작했다. 홍콩의 상인들은 타이완의 경제력을 보아 충분한 구매력이 있는 것으로 보고 홍콩 전 지역의 좋은 보이차를 수거하여 대부분 타이완 사람들에게 판매하였고 자연발효로 만든 보이차의 유통경로는 대부분 홍콩 및 타이완에서 비롯되어 세계시장으로 나간다.

한편 중국에서는 1973년 운남성 곤명(昆明) 차공장에서 보이차를 쾌속 발효시키는 방법을 개발했다. 이 방법은 정통 보이차의 자연발효와는 달리 일차 가공한 찻잎을 퇴적(堆積)이란 공정을 거쳐 미생물을 통해 인위적으로 발효시켜 쾌속 진화하게 한다. 이러한 미생물발효는 단시일 내 보이차를 대량으로 만들 수 있어 공산체제의 이념과 부합되어 중국 국내에서의 모든 보이차는 이 제다법을 택하게 됐고 오늘날까지 이어진다. 그러나 1980년대 말 소위 골동보이차, 중차보이차 등 청병보이차들이 해외에서 보이차열풍이 불자 최근에 중국 내의 일부 상인들이 다시 전통적인 보이차 제다법인 녹차긴압차(靑餠)를 만들어 해외시장의 수요에 충족시키고 있는 것에 대해 무척 고무적이다.

특히 야생교목에서 딴 찻잎을 최고로 삼자 옛 명성을 날렸던 6대차산과 맹해지역의 야생교목들이 다시 각광을 받아 사랑을 독차지하고 있다. 맹해대엽종은 교목형으로서 싹이 튼실하며 황녹색을 띠고 백호가 가득한 것이 특징이다. 잎은 긴 탁원형으로서 길이는 보통 16cm, 넓이는 9.5cm 정도이고 녹색을 띤다. 춘차의 일창일기의 내용물을 분석하면 아미노산 2.30%, 풀리페놀 32.80%, 카테킨의 총 함량이 18.20%, 카페인이 4.10% 함유되어 있다.

퇴적(堆積)공정

# 차밭은 그 자체가 산업공단이다 | 곽산황아 차 농가에서 살청작업

차를 만드는 공장에 들어가 보면 거대한 현대식 기계로 살청을 한다. 예전에 사진이나 혹은 말로만 들었던 농가에서의 둥근 원형의 살청기는 보이지 않았다. 공장의 살청 기계들은 보기에도 크지만 많은 양을 효율적으로 처리해 낸다. 곽산황아 차밭을 살펴보고 산을 내려오는 가운데 주변 농가에서 일구어낸 다양한 형태의 차밭을 살펴보았다. 해가 질 무렵이었다. 농가의 마당에서 아주 반가운 살청기를 볼 수 있었다. 생산량이 많지 않았던 당시의 기계들이 이제 일반 농가에 나누어져 개별적인 살청 공정을 스스로 하고 있었다. 현대와 과거의 조화일까?

기계의 모습은 다르지만 살청의 공정은 같고 그 효과도 같다. 농가에서의 작업은 공장에서의 작업과 같이 이루어지며 살청된 찻잎들은 다시 공장으로 합류한다. 그 농민들은 이전에 수많은 인력이 동원된 공장의 기술자들이었으며, 현재 또다른 방식을 찾아 변화되어 가고 있었다. 마치 오래된 숙련자, 독일의 마이스터 집단이라 할 수 있는 공장을 에워싼 차 재배 농가의 주인들은, 묵묵히 오래된 기계 앞에서 매우 자연스러운 손놀림으로 장작에 불을 지피며 살청을 하기 위한 준비를 하고 있었다.

> 살청(殺靑)이란 찻잎에 열을 가해 산화효소의 활성을 중단하고, 더 이상의 산화효소의 활동이 일어나지 않도록 작업하는 과정이다. 살청을 하면, 차 색과 성분은 그대로 유지하면서 적당히 수분을 제거하여 다음 공정인 유념을 보다 쉽게 한다.

마을 농가에서 살청작업

# 이제 茶는 자존심이다 | 육안과편 공장에서 석순취아 선별작업

우리나라에서 생산되는 차는 채엽하는 시기에 따라 우전, 세작, 중작, 대작 등으로 품질을 나누거나 이름을 달리한다. 그래서 차를 선택하는 폭이 매우 좁은 편이다. 가공방법에 따라 크게 증제차와 덖음차로 나누고, 극소수의 고가품에서 부분적으로 정밀하게 차를 선별하는 것이 우리 차의 현실이다.

중국도 우리와 다르지 않을 것이라고 생각했던 것은 커다란 착오였다. 마치 세밀한 고밀도 집적회로를 검사하듯, 많은 인력이 동원되어 찻잎 하나하나를 검사, 선별하는 모습은 명차라는 이름이 결코 헛된 것이 아니라는 확신을 가지게 했다.

이렇게 공정 후에도 검사와 선별을 거치는 차가 공산품이 아닌 식품이라면 한국차 중국차 할 것 없이 국가의 자존심이라 할 만하다. 어디에 내어 놓아도 경쟁력이 있는 茶가 되려면 차의 수준에 맞는 검사체계를 갖추고 단 하나의 오점도 없이 생산하는 공정이 이제는 필요하다.

이 한 장면의 사진을 촬영하면서 명차라는 단어를 필자에게 다시금 깨우쳐 주었다.

# 반가운 미소

다예사 학홍위(郝紅偉)

눈앞에 본 사실이라도 믿지 못할 경우가 많다. 내가 촬영한 인물들의 사진을 다시 보면서 더더욱 그런 생각을 갖게 된다. 차를 내며 '차를 내는 사람의 모습이 아름답다'라는 주제는 이미 많은 곳에서 보았고 또 평가해 왔다.

'아름답다'라는 것은 그 광경에서 보는 이들에게 감동이 전해져야 가능한 일이다. 지금까지는 완숙한 차인들이 나타내 보이는 완벽함과 노련함 그리고 편안함이었다. 하지만 이 장면은 그와 정반대라고 할까? 향을 맡고 잔을 내리는 순간 피어 오른 소녀의 미소는 경험을 통해 지그시 눈을 감는 것과는 다른 감동이다. 마치 꽃봉오리가 터져 나올 때 보이는 새 꽃잎처럼, 아침 이슬 맞은 작은 노란 민들레처럼, 청초함과 순박함 그리고 때 묻지 않음 그 자체이다. 처음의 순진함이 묻어나오는 어린 소녀의 차향에 대한 미소는 완숙한 차인 못지않은 감동을 전해 준다.

그래서 많은 것을 보고 들은 나이 든 사람들이 그 경험에 가려 소중하고 귀한 것은 지나치는구나 하는 생각에 문득 초심(初心)의 소중함이 떠올랐다. 처음 좋은 차향을 맡을 때의 설렘, 그것을 본 것 같아 너무도 반갑다.

# 긴압차

오래된 홍차 긴압

차를 눌러 찍어 나오는 모양의 긴압차는 소화효과가 좋기 때문에 상당히 오랜 기간 동안 소수민족의 특수한 식생활에도 적합하여 전통적인 차로 대접받고 있다. 이 긴압차의 가공방법은 증청 녹차와 유사하며 만들어진 후 오랜 시간 혹은 장거리 운반에도 일반 녹차와 달리 수분 흡수가 적고 변질이 거의 없다. 또한 장시간 저장을 하게 되면 수분에 의한 습도의 영향으로 순한 맛을 내게 된다. 오래 두어도 별 탈이 없는 차는 조형물로도 만들어 보관, 완상하기도 한다 구형, 둥근형 등 우리가 평범하게 대하는 형태를 훨씬 벗어나 새로운 시각을 가지게 한다.

# 차의 보존은 연구자료이다

차는 시간이 유효한 식품이라 생각한다. 음용을 위한 기호식품임에 틀림없고, 그 기한(보관) 또한 제한된 시간 속에 있음도 사실이다. 하지만 수많은 세월 동안 차를 음용하고 생산해 왔던 중국의 차에 대한 기록과 현실적인 실물보관의 현장을 보면서 가장 궁금했던 한 가지 의문이 풀렸다.

그 궁금증은 숙달된 기술자, 생산자에 의해 생산되는 차들이 경험에서 비롯된 것일까, 아니면 역사적·과학적·경험적 데이터 속에서 이루어진 것일까였다. 대부분의 차인들은 경험에만 의존하여 생산된다는 생각을 하였을 텐데 본인도 그와 다르지 않았다.

호남성 안화현의 백사계(白沙溪) 다창에서는 그동안 상품으로 만들어 온 많은 종류의 차

호남성 안화현의 백사계(白沙溪) 다창에 보관된 차 자료

(천량차, 흑전차, 복전차) 등이 완제품 상태로 포장이 잘 되어 보관되어 있었다. 그리고 1952년부터 차곡차곡 보관되어 온 차들의 생생한 데이터들은 그들이 그저 풍부한 자연환경만을 믿고 원시적으로 생산하는 사람들은 아니었으며, 수많은 시행착오와 검증을 거쳐 가며 최상의 차를 만들어 내기 위해 경주해 왔다는 것을 확인했다.

되돌아 스스로에게 질문을 던져본다.

과연 한국의 차에서 이러한 면을 볼 수 있을까.

그저 입술 위에서만 떠돌아다니는 중국차와 우리차에 대한 이야기에 명확한 믿음을 줄 수 있는 장면을 볼 수는 없을까. 수십 년간 차들이 놓여 있는 광경을 보며 가벼운 입놀림이 어느 때보다도 부끄러웠다.

# 희망의 차밭, 태평후괴(太平猴魁)

중국은 나라도 크지만 茶가 생산되는 지역도 그만큼 넓게 분포되어 있고, 다종다양한 차가 생산되고 있다. 중국 각 성을 다니면서 늘 느끼는 점은 크고 작은 공장에서 오랜 기간 그들만의 비법을 가지고 차를 만들고 있고 좋은 차는 반드시 평가를 받고 있다는 것이다. 아무리 오지에서 생산되는 것이라도 그 시대에 소비자들이 원하는 차의 맛과 향을 내는 차는 반드시 세계 차시장에 선을 보여 인정받고 차 산업으로의 확대를 이루고 나아가서 농가 소득에 큰 역할을 하는 것이다. 그래서 차농들은 다른 업종보다는 수입이 좋은 편에 속한다고 할 수 있다. 태평후괴는 탕색, 향, 맛, 외형이 독특할 뿐만 아니라 채엽할 때의 찻잎은 한 싹과 두 잎이 마치 피어난 난꽃과 같다. 다른 종류의 차에 비해 크기가 크며 형태도 다르다. 그러한 茶가 1915년 파나마 만국박람회에 출품하여 1등 금상을 받았고 해외에도 알려지게 되었다. 우전(雨前)에서 입하(立夏) 사이에 찻잎은 부드럽게 문질러서 어린 잎을 연상케 하는 선명한 황록색을 띠고 있다. 탕색은 깨끗한 녹색을 띠고 입안에 머금으면 농후하고 고상한 맛이 퍼져 나가는 차로서 예전에는 10대 명차에 속할 만큼 명차였다. 그러나 생산량이 많지 않고 차를 알리는 홍보의 부족으로 인해 명차의 반열에서 조금씩 비켜나면서 그냥 고급차라고 하는 인식만 있지 예전의 영광을 누리지는 못하고 있다 한다.

　2006년 4월 중국을 대표하는 명산 중의 하나인 황산(黃山) 북쪽에 위치하는 태평현(太平縣)에서 제조되는 녹차 종류 가운데 하나인 태평후괴 공장을 방문하였다. 그곳에는 부녀(父女)가 함께 연구노력하는 작은 차 공장이었다. 딸은 우리 일행에게 친절한 설명을 하면서 태평후괴가 고급차로서 외형상의 특징을 보여주는데 완성된 찻잎은 튼실해 보이는 한눈에 보아도 건강한 차였다. 사진촬영을 시도하니까 좋은 차를 골라내어 보이는 것의 특징이, 다른 종류의 차와는 비교가 안 되는 길이가 6~8cm 정도인 것이다. 그리고 고급품이라고 하는 차만 골라서 마셔보고 하나하나 잎을 보니 일아(牙) 이엽(葉) 내지 삼엽(葉)으로 되어 있었다.

아버지(陳專松)가 하는 일에 딸(陳芳)이 함께 연구하는 자신감 가득한 그녀는 우리에게 현재 1~2년생의 태평후괴 23종을 보여주겠다고 하여 공장 가까이에 있는 차 재배지를 둘러 보았다.

부녀가 합심해서 밭을 일구고 있다는 것을 단박에 알 수 있었다. 1년생과 2년생밖에 없는 단촐하다 못해 채소밭 같은 느낌의 차밭이었다. 그러나 그 누구도 이 밭에 있는 차나무가 어떤 형식으로 자랄지는 모르는 일이다. 태평후괴는 이전에 10대 명차의 반열에 들었던 차이 므로 10대 명차가 얼마나 공을 들여야 하는지 잘 아는 필자의 입장에서는 영광의 차가 이렇 듯 초라하게 자리잡고 있음을 아쉬워하지 않을 수 없었다. 이 농부는 좋은 품종, 좋은 차가 어떤 차인지는 잘 알지만 비용에서 함부로 욕심낼 차가 아니기에 새로운 품종에 대한 투자 는 쉽지 않았다. 그런데 중국의 모 대학교수가 태평후괴를 연구하면서 이 농부에게 투자를 하게 된 것이다. 즉, 후원이라고 할 수 있다. 그러한 후원자를 만나 순수한 태평후괴 23호 품종의 차를 밭에 심게 되었다고 한다.

지금은 1년, 2년의 생육 모습이 지만 차나무의 생김과 잎에서 뿜 어져 나오는 기상이 이만저만이 아니다. 지금은 영광의 자리에서 잊혀진 '태평후괴'. 하지만 그 밭 을 인도하며 설명해 주던 농부의 눈에 미래가 있었다. 열정과 함께 흘러내리는 땀방울 그리고 비옥 한 대지에 다시 뿌리 내리는 태평 후괴는 앞으로 10년 후 또 영광된 모습으로 찻자리에 틀림없이 등장 할 것이다.

# 도시에서 느낄 수 없는 맛

누구나 어린 시절을 떠올리며 고향 이야기를 할 때면 시골에서 계절마다 자연이 준 선물인 양 달고 맛난 여러 가지를 먹었던 기억이 가장 많이 오고 간다. 특히 한 여름에 원두막에 올라 깨어 먹던 수박 맛, 참외 맛, 고추장 하나 덜렁 있는 보리밥이지만 오이며, 깻잎, 고추는 맵다기보다는 달았다. 이런 것이 바로 함께 있으며 즐기는 맛 아니었을까?

봉황단총은 고급차이다. 그도 그럴 것이 한 나무에서만 채취하고 잡종을 섞지 않는다. 때문에 면적도 좁아 생산량은 그리 많지 않다. 사람들은 그 차를 마실 수 있다는 것이 행복인지 모른다. 하지만 현지의 사람들은 제조공정 가운데 마지막 공정인 건조를 생략한 상태에서 냉동보관하여 마시는 이른바 빙차(氷茶)라는 것을 마시고 있었는데 그 맛은 바로 한여름

우물에서 건져낸 수박과도 같았다. 그들의 빙차는 유념까지의 상태에서 내뿜은 향과 맛의 준비가 끝난 봉황단총. 농가 주인이 외국 손님에게 좋은 차를 접대한다고 낸 것이 냉동고에서 꺼내 뜨거운 물에서 본연의 맛을 내뿜는다. 향긋하고 산뜻한 느낌은 어느 것과도 비길 수 없다. 건조과정을 마친 차와는 달리 빙차는 3~4번 정도에 진맛이 다 우러 나오는 것이 아쉽지만 자연의 맛을 그대로 담고 있어 차의 산지에서 마시는 행복한 느낌 그대로였다.

유념까지만 하고 건조과정을 생략한 차를 냉동고에 보관한 상태

# 화원 속에서 자라는 茶나무

벽라춘 차밭 건너편의 유채꽃

아름다운 정원이랄까. 유채꽃 향이 어우러진 초입을 지나면 복숭아, 자두, 귤, 감, 석류, 매화가 다양하게도 심어져 있다. 꽃이 만발한가 하면, 벌써 열매를 준비하는 모습도 보인다. 차밭이라 하여 방문한 곳에서 온갖 향기를 뿜어내며 '냄새 좋다'라는 표현보다 '참 달다'하는 표현이 어울리는 바람 속 달콤함에 취해 버렸다. 그런 과일, 유실수 옆을 지나다 보니 차나무들이 반갑게 나를 맞이한다.

이곳의 특산물은 '벽라춘'이다.

맑고 깊은 비취빛 찻잎이 나오는 곳인데 그곳의 차는 주변의 과실수들이 뿜어냈던 그 달디단 바람과 같이 생장하여 차맛 또한 상큼한 과일향이 자리잡고 있었다. 키 큰 과실수들이 바람도, 서리도 막아주면서 찻잎에 해가림까지 해 주는 동시에 자신들의 향과 맛까지도 전해주니 벽라춘이 가진 맛의 조화가 절로 느껴진다.

차가 과일향을 흡수할 수 있도록 차와 과일나무를 함께 심었다.

# 대홍포는 옛날의 대홍포가 아니다

홍배(烘焙) : 찻잎의 수분을 건조하는 과정으로서 아주 작은 숯불을 지펴 재로 덮고 그 위에 대나무 바구니를 이용하여 수분을 말리는 과정이다.

나는 개인적으로 청차를 좋아하고 그 가운데 무이암차 계열을 좋아한다. 특별한 이유는 없고, 맛에 대한 개인적인 취향이라고 할까. 그래서 무이산을 가서도 무이암차 계열에 대한 관심이 많았다. 특히 대홍포에 대한 것은 누구나가 관심을 가지는 것과 마찬가지였다. 이곳에서 왕순명(王順明 : 전 어차원 관리인, 전 무이암차 총공사 사장) 씨로부터 무성번식에 대한 현실을 알게 되었고, 무성번식이 가져다 주는 유익한 점도 익히 알게 되었다. 왕순명 씨가 대홍포에 대해서 일일이 설명하고, 치부와 장점을 낱낱이 밝혀 주는 것은 대홍포에

대홍포 모수에서 채엽한 차를 내는 모습 　　가지를 잘라서 무성번식시키는 묘목재배

대해서 분명한 자신감이 있기에 가능한 일일 것이다. 그는 말을 마치며 항상 "대홍포에 대한 그릇된 인식을 바로 잡아야" 한다며 대홍포에 대한 왜곡된 의미를 바르게 잡아 줄 것을 많은 사람들에게 설파한다. 그가 염려하는 것은 대홍포를 두고 1대, 2대, 3대 대홍포라고 하는 것은 잘못된 인식이라는 것이다. 오랜 연구소의 재직경력과 함께 대홍포의 무성번식을 통한 새로운 품종을 개발하고 생육하며 끊임없이 연구하는 연구자의 입장에서 새로 나온 찻잎을 가공하고 생산하는 일부터 오래 묵은 찻잎을 '홍배' 과정을 통해 마치 새롭고 깊은 맛을 되찾는 공정까지 상세한 설명에서 우러나오는 그의 박식함은, 그냥 이런 업종에 있는 사람으로서 알고 있는 것이 아닌 다른 차원이었다.

지금의 대홍포는 옛날의 대홍포가 아니다. 왕순명(王順明) 씨와 같은 오랜 연구소의 재직경력과 함께 대홍포의 무성번식을 통한 육종작업에 이르기까지 무성번식 작업을 늘려왔기 때문에 옛날과 같이 무조건 귀한 것이라서 값이 비싸야 되는 것은 아니다. 그의 설명 속에서 대홍포가 중국의 4대 명차로 자리잡을 수 있었던 차나무의 특성도 깨달을 수 있었다.

아무 차맛이나 받아주는 육계와의 혼합생산 이야기도 충격이었지만 왜곡된 지식을 가지고 진실 앞에 서니 무지한 차꾼이 점점 작아지는 느낌이었다고나 할까. 아무쪼록 귀한 대홍포의 정설을 눈앞에 두고 비행기에 실려 돌아오는 길에 왜곡되지 않도록 정신이 바짝 차려지는 것은 비단 나 혼자만의 느낌일까.

# 넉 잔에 담긴 無我

2006년 6월 27일 대만을 방문하여 2007년 10월에 우리나라에서 개최되는 국제무아차회[회장 채영장(蔡榮章)] 협약식 현장을 가까이에서 지켜보게 되었다. 한국에서 원광디지털대학교와 한국국제차문화학회(이사장 이진수)가 주관하는 것으로 협약이 이루어졌다. 그리고 이어진 무아차회의 원활한 행사진행을 위해서 대만에서 활동하는 무아차회 회원들의 행다법을 한국 측 대표 두 팀과 함께 진행되었다. 우리가 일상적으로 보는, 주는 이와 받는 이의 모습이 아니라 모두가 주는 이요, 모두가 받는 이였다. 무아차회의 정신을 보면,

"무아차회는 전원이 차를 달이고, 전원이 차를 올리고, 전원이 차를 마시는 일종의 '모든 사람들이 참여'하는 차회다. 누구에게 차를 드리고 누구의 차를 받을지는 아무도 모른다. 왜냐하면 자리 배치는 회장에 도착한 후 추첨으로 정하기 때문이다. 존비의 구분이 없는 것이 이 무아차회의 첫 번째 의의이다. 내가 차를 드리는 대상은 결코 나에게 차를 주는 사람이 아니다. 왜냐하면 줄 때는 왼쪽 편에 있는 사람에게 주고, 받을 때는 오른쪽에 있는 사람으로부터 받기 때문이다. '보답'이 없는 마음으로 하는 것이다."

한 사람이 지극히 간단하고 소박한 다구를 챙겨와 넉 잔의 차를 우려낸 후, 3잔은 다른 이들에게 주고 한 잔은 그 자신이 마신다. 자신이 3잔의 차를 다른 이들에게 돌리고 오면 자신의 자리에는 3잔의 다른 차가 잔에 담겨 놓여 있는 형식이다. 자신의 자리에서 4잔의 차를 음미하는 것이다. 무아(無我)에는 여러 가지, 그리고 깊은 뜻이 있다. 위 형식을 가진 행사에서는 차회의 이름과 주고받음, 즉 접대와 대접이라는 입장을 떠나고 있다. 누구에게서 어떤 차가 올 것이라는 것도 모르고, 그 행사에 들어서면서 누구에게 차를 우려내 채운 잔을 선사할 것이라는 의도도 없기 때문이다. 그들이 일상 다반사가 나눔이라는 의미에서 무아(無我)의 차회까지 온 것은 차문화의 선용적 미래(善用的 未來)를 보는 것 같아 눈과 마음이 시원하고 기뻤다.

차를 내는 사람은 넉 잔의 차를 낸다(徐維琳).

왼편부터 돌아가면서 세 사람에게 돌리고 본인의 잔 하나만 가지고 자기 자리에 앉는다.

# 중국 다예표연 감상기

**중**국의 문화적 특징은 지난 과거의 버림이 아니라 반올림 형식이다. 쉽게 말하면 지난 역사, 문화를 외면하지 않고 그대로 투영하여 보존하는 동시에 현대적, 외부적 문화를 융합 지속하는 형식을 말한다. 그러한 문화적 특징은 중국의 고대, 중세 유물에서 뚜렷하게 드러나는바, 현대의 기물에서도 연대 구분이 명확치 않은 것도 같은 맥락이라 하겠다. 그러한 문화적 특징은 중국의 현대 다예에서도 분명히 드러나고 있다.

최근 중국에서는 경제가 비약적으로 성장하면서 여러 사회적 변화가 나타났다.

그 가운데 차문화 측면에서 보면 각 지방마다 다예사라는 자격증 제도가 생겨나고, 찻집에서는 다예사를 고용하여 고급 손님들을 유치하려 애쓰고 있다. 다예사들은 자사호와 개완을 이용하여 행다법을 형성, 발전시키고 있는 추세이다. 보통 이러한 현상을 지켜보면서 중국의 차문화라고 하는 범주에 포함시키고, 또 주목하는 경우도 적지 않다.

특히 자사호, 개완을 손놀림과 팔동작을 통해 어색한 다예표연부터 예술적이라는 생각이 들 정도의 정교함까지도 볼 수 있는 것이 특징이다. 하지만 성급하게 차문화로의 비유는 아직 이른 것이 아닐까 한다.

전통적인 차도구인 자사호와 개완은 지금의 형태를 붙잡아 주는 근원적인 차도구일 뿐이다. 문화는 도구에 중심을 두고 있으며, 그 이유는 그들이 만약 우리의 백자 다관과 다완을 가지고 다예 표연을 한다고 상상해 본다면 보다 명확해지리라 생각된다. 즉 눈에 보이는 Hardware에 집착할 것이 아니라 문화적 응용, 즉 숨겨진 전통적 Software에 대한 이해가 선행되어야 할 것이다. 이전의 시대에도 분명히 있었을 가능성을 가진 현행 다예사들의 기예는 훗날 다시 기준을 두고 재평가되어야 할 형태를 고민해야 할 것이다. 이에 현재 횡행하는 다예사의 모습들이 유행인가 문화인가에 대해서는 후일에 평가될 문제이며, 지금 당장 문화라고 섣부르게 단정할 수는 없는 일이라는 생각이다.

이와 같은 중국 다예를 우리는 현재 가감 없이 수용하는 태도로 문호를 활짝 열고 있다고

해도 과언이 아니다. 그 반면에 최근 90년대까지만 해도 일본 다도를 배우는 행위를 눈치 보듯이 했던 일을 떠올리게 된다. 일본은 한 가지 다법이 완성되는데 차이는 있을지 모르지만 최소한 100년이 지나야 완성이라는 말을 할 수 있을 만큼 철저한 검증을 거쳐 온 것이다. 그 완성에 가까운 다법을 우리는 전수, 모방에 그치지 않고 그 규범 하나하나를 금과옥조(金科玉條)로 여겨 철저히 연구할 필요가 있다.

일본인들에게 차는 단순히 기호음료의 차원이 아니다. '도(道)'의 영역에 이른 그들의 다도(茶道)를 통해 미의식을 엿볼 수 있다. 그래서 오다 노부나가(織田信長)와 도요토미 히데요시(豊臣秀吉)의 차 스승이었던 센리큐(千利休) 선사 등이 임진왜란 전에 다도를 크게 부흥시켰다. 그 이후 현재까지 400년 이상 연구 발전되어 온 일본 다법에 대해 백안시하고 있다.

일본 다법은 10년, 20년을 배워도 스스로 선생이라는 칭호를 쓰기 꺼려할 정도로 형식적, 경험적 요소를 매우 중요하게 생각한다. 때문에 순차적 경험과 형식에 대한 가치를 매우 중요하게 여기고 있으며, 실제로 그러한 면을 전통적·사회적 가치로 승화시키고 있다.

중국이 개방되고 2000년부터 급조된 면이 드러나 보이는 다예사(초급, 중급, 고급) 자격증 취득을 자랑스럽게 여기는 것이나, 중국에서 중국 다예표연을 배워 한국에서 자랑스럽게 나설 수 있는 문화적 풍토가 누구의 책임이라고 할 수는 없다.

다만, 우리나라 차 선생님들이 역사를 보는 형평성에 문제가 있는 것이다. 중국 것은 괜찮고 일본 것은 안 된다 하는 우리의 논리는 일본에 대해서 라이벌 의식과 피해 의식을 가지고 있기 때문이다. 중국과 미국은 아주 큰 나라이기에 상대가 되지 않는다고 생각하는 편이다. 일본은 중국에 비해 작은 나라이면서 문화의 수준이 높은 부분에 대해서 의식적으로 인정하지 않으려고 하는 생각은 잘못된 것이라 생각한다. 불치하문(不恥下問)이라 했듯이, 배우는 데는 자신보다 못한 사람에게 묻는 것을 부끄럽게 여기지 않아야 한다는 것이다. 일본이건 어느 나라이건 장점은 받아들이는 폭넓은 수용 자세가 되어야 보다 나은 한국의 차문화를 만들어 갈 수 있을 것이다.

중국 다예표연 사진

# 차를 품평하는 사람

차산지에서 품평 전문가는 절대적이다. 이른 새벽부터 농민들이 만든 차는 마을에서 차를 수집하는 곳으로 가져가서 판매를 한다. 우리는 안계철관음을 만드는 공장 2층 나무침대에서 잠을 잤다. 이른 아침 1층에서 사람들이 모여드는 소리에 잠을 깨 난간으로 내려다 보니 마을 사람들이 모두 새벽까지 만든 차를 자전거에 싣고 와서 줄을 지어 있었다. 이른바 품평가에게 자신이 만든 차의 값어치를 평가받기 위한 행렬이었다.

  도시에서 볼 수 있는 디지털 시계와 저울 같은 최소한의 품평시설도 없다.

  차를 담을 수 있는 채반과 개완 그리고 끓는 물뿐이다. 품평가는 그 자리에서 절대적인 역할을 한다. 한 번에 6~7개 정도의 차를 품평한다. 차맛을 본 차의 샘플이 담긴 채반을 들고

품평과정

품평 후 가격 결정

나가서 바로 값을 말한다. 제시한 값을 수긍하면 가지고 온 차 전부를 안으로 가져가 경리 앞에서 큰 저울에 무게를 달고 바닥에 다 붓는다. 외관을 확인하고는 즉시 돈을 지불한다.

그에게 물었다.

"어떻게 그렇게 빨리 품평할 수 있고 또 값을 매길 수 있는가?"

"나는 이 땅에서 태어나 자란 몸이다. 또한 이곳의 지기(地氣)를 몸으로 느낀다. 때문에 이 마을에서 난 차는 곧바로 판단할 수 있다."

비과학적이고 비논리적인 이 말은 한 마디로 경험이라는 단어가 되어 나에게 돌아왔다.

하지만 그 경험은 어느 것보다도 과학적이며 무엇보다도 논리적이었다. 그 지역의 토질, 기후와 생산을 정확히 아는 사람은 그들뿐이었기 때문이다. 그렇게 그를 통해 여과된 上質의 茶가 각 지역의 그와 같은 품평가를 통해 전국에서 수도인 북경으로 모인다. 그렇게 모인 차들을 두고 유명한 품평인들이 현대적인 시설 속에서 온도와 채광을 맞추어 가며 품평을 한다. 하지만 진짜 품평가는 과연 누구인가?

골라지지 않은 차까지 모두 맛보았을 때 도시의 품평가들은 과연 구분할 수 있을 것인가?

그들이 수도에 관직을 가진 벼슬아치라면 시골의 품평가들은 아마도 신선에 가까운 처사들이 아닐까? 진실된 고수(高手)는 예나 지금이나 초야에 묻혀있는 것이 공통점이라는 것을 다시 한 번 깨닫는다.

# 보이차 공장에서 대접한 봉황단총

이영자 선생, 봉황단총 다예시연

2008년 10월 보이차왕 다업유한공사(普洱茶王 茶業有限公司)에서 투자한 보이민족다예관에서 운남보이차유한공사 대표와 함께 식사를 하면서 사진 작업을 할 수 있도록 지원 약속을 받았다. 다음날 보이차왕 회사에 방문하여, 전날 다예관에서 대접 받은 인사로 이영자 선생님께서 준비해온 개완으로 봉황단총 차를 대접하고 싶다고 했다. 한국에서 온 중국차 선생님이라는 말에 기대를 하며 자리를 준비해 주었다. 사장과 다른 직원도 개완으로 내는 능숙한 솜씨에 놀라워하며, 차 맛을 음미하는 그들의 눈빛으로 보아 봉황단총의 밀란 향과 맛을 처음 보는 듯 하였다. 보이차 공장 사무실에서 광동성에서 생산된 품질좋은 차 맛에 매료되어 현장 직원까지 불러 두루 차 맛을 보여주는 시간을 가졌다.

# 문화 예술인들이 모이는 차관

대만 자등려(紫藤廬) 차관 1층

문화는 그 나라에서의 고유한 전통적인 관습이다. 그 관습을 자세히 들여다보면 우리나라와 일본이 다른 만큼 중국도 엄청난 차이가 있음을 발견하게 된다. 그것이 바로 차관의 운영과 형태에서 바라볼 수 있는 차문화의 차이라고 할 수 있다.

중국의 차 문화 현장을 탐방하면서 깊은 관심을 가진 곳은 우리와는 전혀 다른 문화 형태를 가진 차관(茶館)이다. 대만에 규모 있는 차관으로는 대북시내에 위치한 자등려(紫藤廬)가 있다. 찻집 주인 주유씨는 부친 주덕위가 사용하는 집을 1975년 차인과 문화 예술인들이 모이는 살롱 무드의 찻집으로 만들었다. 1층에는 메인 다실이 있고 갤러리와 일본식 다실, 2층에는 탁자와 다다미가 있어 젊은이와 노년층까지 두루 사랑받는 공간으로 인기를 얻고 있다. 특이한 점이 한두 가지가 아니지만 다실 입구가 돋보였다. 서양 살롱입구 같이 큰 탁자에 직원이 앉아서 업무를 보는 곳으로 개성과 전통, 품위가 느껴졌다.

# 보이차와 함께 마신 진년(陳年) 귤피 차

우리는 흔히 진년차, 노차 등으로 부르며 진년이라는 명칭을 오래된 차에 통칭으로 말하곤 한다. 대만에서는 진년 오룡, 진년 철관음 등의 말을 사용하지만 특히 보이차에 그런 말을 많이 사용하며, 진년이란 말은 오래된 '보이차'에만 사용하는 줄로만 알고 있는 사람도 있다.

그러나 진년이라는 것은 그렇게 보이차에 국한된 사용을 하는 명칭이 아니다. 다른 차들도 진년이라는 이름을 붙이며 우리가 미처 알지 못한 "진년의 세상"이 따로 있음을 말하는 것이다. 차를 많이 마시는 사람들에게 기운이 가라앉은 몸에 이로운 것은 구기자와 오래된 귤껍질이 우리 몸을 이롭게 한다는 한방의학적인 오래된 이야기가 있다. 그것은 비단 우리나라의 동의보감을 들지 않더라도 한방에서는 아주 상식적인 이야기이다.

오히려 그러한 귤껍질을 말려 차로 대용하는 것에 대하여 우려를 하는 사람들도 있지만 그저 방금 말린 귤피로 차를 마시는 것은 아니다. 필자는 과거 절강성 항주와 강소성 의흥에서 귤껍질과 구기자를 넣어 보차라고 마시는 것은 많이 보았다. 2011년 1월 강소성 의흥에서 자사도예에 종사해온 범택봉 작가를 지유도예 서해진 본부장의 소개로 그의 사무실에서 진년 귤껍질이라고 하여 큰 다호에 보이차와 구기자, 진년 귤피를 함께 넣어마시는 것을 확인하고 차에 대한 접근이 나 스스로 가두어져 있는 것이 아닌가하는 생각을 하게 되었다.

진년(陳年)이라는 의미는 와인의 빈티지 개념과 다르다. 오히려 10년 20년 숙성시킨 보이차의 의미와 가깝다. 그 중에서도 특히 남방지방에서의 과일껍질의 경우 우수한 약효를 나타내는 생리학적인 효능을 자랑하는 것들이 많다. 이를 달리 해석하면 민간처방 혹은 대용차의 개념이 아니냐라고 할 수도 있을 것이다. 그러나 우리의 대용차만큼 그들도 대용차의 입장에서의 차류가 무수히 존재한다는 사실을 잊어서는 안될 것이다.

그 중에서도 일반 차들과 함께 하면서 그 보완의 효과를 알고 있고 또 그것을 차꾼들의 입장에서 특별한 차 혹은 블랜딩의 방식을 채택하여 섞어 음미한다는 것은 우리가 이해하기에는 아직 이르다 할 것이다.

진년이라는 의미로 다시 살펴보면 보이차가 후발효를 한다고 해서 오래되고 숙성

의흥 서망촌 당서기 범택봉(範澤鋒)

그는 예술활동 이외에도 자사도예의 사회적 헌신에도 열성적이며, 젊은 나이임에도 지역주민들과 정부로부터 신망을 얻어 중국자사제일촌으로 불리고 있는 정촉진 서망촌의 당서기직을 맡고 있다. 서망촌은 도자기의 비조로 알려지고 있는 오월시대의 범려가 여생을 보낸 곳으로, 지금도 그의 후손들인 범씨 성들이 모여사는 집성촌이기도 하다. 이곳 주민들 대부분이 자사업계에 종사하고 있어 중국정부에서는 최초로 서망촌자사도자전업합작사라는 지역합작사를 설립해 운영 중인 독특한 지역이다.

된 의미라는 진년을 사용하는 것은 바로 보이차가 그러한 진년의 의미에 적합하다는 것이지 진년의 단어 사용이 보이에 국한된다는 것은 아니다. 이에 필자가 경험한 구기자 열매와 진년 귤피를 블랜딩한 보이차를 음미하면서 느낀 것이 바로 차문화의 변용과 역사적인 발전이라는 점에서 과연 우리는 얼마만큼의 음용문화를 가지고 있을까 하는 점이었다. 이는 곧 의문이자 우리의 차문화 행보가 어디까지 왔는가를 가늠할 수 있는 좋은 비교경험의 장면이었다.

앞으로 한국 발효차에서 진년이라는 이름을 가질 수 있을까? 대용차의 입장에서도 진년의 의미를 가지며 차문화로서 음용의 방법으로서 그만한 연구가 언제쯤 진행이 되고 또 실제 우리가 우리 한국의 차로서 진년의 이름이 붙은 차를 마실 수 있을까 하는 생각은 지금 이 글을 쓰는 동안에도 생각이 꼬리에 꼬리를 물고 있다.

# 에필로그

**칸**트는 거실에서 세상과 우주를 논했다는 철학적 비평도 있지만, 진실된 참을 얻기 위해서는 현장에서의 확인이 비교적 오류가 덜하다는 진리를 조금씩 맛보고 있다.

우리네 산천을 비집고 돌아다니며 세월의 진실을 조금이라도 확인한 것처럼 이 책 안에서 확인한 中原의 진실은 필자가 본 것에 대한 기록을 그대로 담을 수 있도록 노력하였다. 중국의 차문화는 참으로 넓고 다양한 방식이 존재한다. 그 가운데 진실을 가리는 왜곡, 참을 가리는 거짓, 오랜 세월 속에 빛바랜 현실과 기록에 가리워져 있었던 내면을 조금씩 확인할 때 사명감을 가지고 이 일을 계속할 수 있었다.

2018년 하관차창 박물관에서 시연하는 전통방식의 타차 제작을 촬영하는 필자의 모습

## 차와 차 산지

### 강소성
江蘇省

| 종류 | 한문 | 분류 |
|---|---|---|
| 금산취아 | 金山翠芽 | 녹차 |
| 남경우화차 | 南京雨花茶 | 녹차 |
| 무석호차 | 無石毫茶 | 녹차 |
| 모산청봉 | 矛山青峰 | 녹차 |
| 벽라춘 | 碧螺春 | 녹차 |
| 형계운편 | 荊溪雲片 | 녹차 |
| 의흥홍차 | 宜興紅茶 | 홍차 |
| 화과산운무 | 花果山雲霧 | 녹차 |
| 천지명호 | 天池茗毫 | 녹차 |

### 강서성
江西省

| 종류 | 한문 | 분류 |
|---|---|---|
| 정강취록 | 井岡翠綠 | 녹차 |
| 문공은호 | 文公銀毫 | 녹차 |
| 영암검봉 | 靈岩劍峰 | 녹차 |
| 구고뇌 | 狗牯腦 | 녹차 |
| 쌍정록 | 双井綠 | 녹차 |
| 녕홍공부 | 寧紅工夫 | 홍차 |
| 무원묵국 | 婺源墨菊 | 녹차 |
| 무원명미 | 婺源茗眉 | 녹차 |
| 여산운무 | 廬山雲霧 | 녹차 |

### 광동성
廣東省

| 종류 | 한문 | 분류 |
|---|---|---|
| 봉황단총 | 鳳凰單欉 | 청차 |
| 봉황단총기란 | 鳳凰單欉奇蘭 | 청차 |
| 부정차 | 富丁茶 | 청차 |
| 석고평오룡 | 石古坪烏龍 | 청차 |
| 영두단총 | 嶺頭單欉 | 청차 |
| 대엽기란 | 大葉奇蘭 | 청차 |
| 봉황수선 | 鳳凰水仙 | 청차 |
| 영덕홍차 | 英德紅茶 | 홍차 |
| 인화은호 | 仁化銀毫 | 녹차 |
| 광동대엽청 | 廣東大葉青 | 황차 |
| 계산고로차 | 鶴山古勞茶 | 녹차 |

### 광서성
廣西省

| 종류 | 한문 | 분류 |
|---|---|---|
| 계림모첨 | 桂林毛尖 | 녹차 |
| 계화차 | 桂花茶 | 화차 |
| 광서홍쇄차 | 廣西紅碎茶 | 홍차 |
| 남산백모차 | 南山白牟茶 | 녹차 |
| 능운백호 | 凌雲白毫 | 녹차 |
| 횡현말리화차 | 橫縣茉莉花茶 | 화차 |
| 석상은침 | 石上銀針 | 녹차 |
| 육보차 | 六堡茶 | 흑차 |
| 계평서산차 | 桂平西山茶 | 녹차 |
| 담당모첨 | 覃塘毛尖 | 녹차 |

## 귀주성
貴州省

| 종류 | 한문 | 분류 |
|---|---|---|
| 도균모첨 | 都勻毛尖 | 녹차 |
| 귀주은아 | 貴州銀芽 | 녹차 |
| 양애모봉 | 羊艾毛峰 | 녹차 |
| 준의모봉 | 遵義毛峰 | 녹차 |
| 해마궁차 | 海馬宮茶 | 녹차 |
| 무릉검란 | 武陵劍蘭 | 녹차 |

## 섬서성
陝西省

| 종류 | 한문 | 분류 |
|---|---|---|
| 오자선호 | 午子仙毫 | 녹차 |
| 화산취아 | 華山翠芽 | 녹차 |
| 화산은호 | 華山銀毫 | 녹차 |
| 자양모첨 | 紫陽毛尖 | 녹차 |
| 팔선운무 | 八仙雲霧 | 녹차 |

## 운남성
雲南省

| 종류 | 한문 | 분류 |
|---|---|---|
| 운남보이차 | 雲南普洱茶 | 흑차 |
| 보이산차 | 普洱散茶 | 흑차 |
| 보이긴차 | 普洱緊茶 | 흑차 |
| 묵강운침 | 墨江雲針 | 녹차 |
| 창산설록 | 蒼山雪綠 | 녹차 |
| 죽통향차 | 竹筒香茶 | 녹차 |
| 운남전홍차 | 雲南滇紅茶 | 홍차 |
| 남나백호 | 南糯白毫 | 녹차 |
| 맹해불향차 | 孟海佛香茶 | 녹차 |
| 아산은호 | 峨山銀毫 | 녹차 |

## 복건성
福建省

| 종류 | 한문 | 분류 |
|---|---|---|
| 대홍포 | 大紅袍 | 청차 |
| 무이수선 | 武夷水仙 | 청차 |
| 반천요 | 半天腰 | 청차 |
| 백모단 | 白牡丹 | 백차 |
| 백계관 | 白鷄冠 | 청차 |
| 백림공부 | 白琳工夫 | 홍차 |
| 백모후 | 白毛猴 | 청차 |
| 백호은침 | 白毫銀針 | 백차 |
| 복건녹아 | 福建綠芽 | 녹차 |
| 본산 | 本山 | 청차 |
| 수금귀 | 水金龜 | 청차 |
| 수미 | 壽眉 | 백차 |
| 수선병차 | 水仙餅茶 | 청차 |
| 안계철관음 | 安溪鐵觀音 | 청차 |
| 안계황금계 | 安溪黃金桂 | 청차 |
| 육계 | 肉桂 | 청차 |
| 석정록 | 石亭綠 | 녹차 |
| 백아기란 | 白芽奇蘭 | 청차 |
| 영춘불수 | 永春佛手 | 청차 |
| 철라한 | 鐵羅漢 | 청차 |
| 정산소종 | 正山小種 | 홍차 |
| 복주말리화차 | 福州末利花茶 | 화차 |
| 수공예말리화차 | 手工藝末利花茶 | 화차 |
| 용수차 | 龍須茶 | 녹차 |
| 탄양공부 | 坦洋工夫 | 홍차 |
| 정화공부 | 政和工夫 | 홍차 |
| 모해 | 毛蟹 | 청차 |
| 남안석정록 | 南安石亭綠 | 녹차 |
| 연심차 | 蓮心茶 | 녹차 |
| 용암사배차 | 龍岩斜背茶 | 녹차 |
| 천산녹차 | 天山綠茶 | 녹차 |
| 칠경당녹차 | 七境堂綠茶 | 녹차 |

## 안휘성
安徽省

| 종류 | 한문 | 분류 |
|---|---|---|
| 경정녹설 | 敬亭綠雪 | 녹차 |
| 경현제괴 | 徑縣堤魁 | 녹차 |
| 곽산황아 | 霍山黃芽 | 황차 |
| 구화모봉 | 九華毛峰 | 녹차 |
| 기홍 | 祁紅 | 홍차 |
| 노죽대방 | 老竹大方 | 녹차 |
| 녹모단 | 錄牡丹 | 수공예차 |
| 둔록 | 屯綠 | 녹차 |
| 용계화청 | 涌溪火青 | 녹차 |
| 육안과편 | 六安瓜片 | 녹차 |
| 육안차 | 六安茶 | 흑차 |
| 서성난화 | 舒城蘭花 | 녹차 |
| 주매설연 | 珠梅雪蓮 | 녹차 |
| 천주검호 | 天柱劍豪 | 녹차 |
| 태평후괴 | 太平猴魁 | 녹차 |
| 황산모봉 | 黃山毛峰 | 녹차 |
| 악서취란 | 岳西翠蘭 | 녹차 |
| 석순취아 | 石笋翠芽 | 녹차 |
| 서초괴 | 瑞草魁 | 녹차 |

## 하남성
河南省

| 종류 | 한문 | 분류 |
|---|---|---|
| 신양모첨 | 信陽毛尖 | 녹차 |
| 앙천녹설 | 仰天綠雪 | 녹차 |
| 태백은호 | 太白銀毫 | 녹차 |
| 용담모첨 | 龍潭毛尖 | 녹차 |
| 백운모봉 | 白雲毛峰 | 녹차 |
| 금강벽록 | 金剛碧綠 | 녹차 |

## 절강성
浙江省

| 종류 | 한문 | 분류 |
|---|---|---|
| 강산녹모단 | 江山綠牡丹 | 녹차 |
| 개화용정 | 開化龍頂 | 녹차 |
| 경산차 | 徑山茶 | 녹차 |
| 경산향명 | 經山香茗 | 녹차 |
| 고저자순차 | 顧渚紫笋茶 | 녹차 |
| 구갱모첨 | 鳩坑毛尖 | 녹차 |
| 구곡홍매 | 九曲紅梅 | 홍차 |
| 금장혜명차 | 惠明茶 | 녹차 |
| 대불용정 | 大佛龍井 | 녹차 |
| 망해차 | 望海茶 | 녹차 |
| 보타불차 | 普陀佛茶 | 녹차 |
| 사봉용정 | 獅峰龍井 | 녹차 |
| 서호용정 | 西湖龍井 | 녹차 |
| 설수운록 | 雪水雲綠 | 녹차 |
| 송양은후 | 松陽銀猴 | 녹차 |
| 수창은후 | 遂昌銀猴 | 녹차 |
| 안길백차 | 安吉白茶 | 녹차 |
| 절홍공부 | 浙紅工夫 | 홍차 |
| 화정운무 | 華頂雲霧 | 녹차 |
| 안탕모봉 | 雁蕩毛峰 | 녹차 |
| 선거벽록 | 仙居碧綠 | 녹차 |
| 천목청정 | 天目青頂 | 녹차 |
| 막간황아 | 莫干俱俸 | 녹차 |
| 망부은호 | 望府銀毫 | 녹차 |
| 임해반호 | 臨海蟠毫 | 녹차 |
| 온주황탕 | 溫州黃湯 | 황차 |
| 천강휘백(전강휘백) | 前岡輝白 | 녹차 |
| 천도옥엽 | 千島玉葉 | 녹차 |
| 평수주차 | 平水珠茶 | 녹차 |
| 보타불차 | 普陀佛茶 | 녹차 |
| 무양춘우 | 武陽春雨 | 녹차 |
| 월홍공부 | 越紅工夫 | 홍차 |

## 호남성
湖南省

| 종류 | 한문 | 분류 |
|---|---|---|
| 강화모첨 | 江華毛尖 | 녹차 |
| 고교은봉 | 高橋銀峰 | 녹차 |
| 고장모첨 | 古丈毛尖 | 녹차 |
| 군산모첨 | 君山毛尖 | 녹차 |
| 군산은침 | 君山銀針 | 황차 |
| 남악운무차 | 南岳雲霧茶 | 녹차 |
| 복전차 | 茯磚茶 | 흑차 |
| 북항모첨 | 北港毛尖 | 황차 |
| 상파록 | 湘波綠 | 녹차 |
| 설봉모첨 | 雪峰毛尖 | 녹차 |
| 악양동정춘 | 岳陽洞庭春 | 녹차 |
| 안화송침 | 安化松針 | 녹차 |
| 석문은봉 | 石門銀峰 | 녹차 |
| 천량차 | 千兩茶 | 흑차 |
| 천첨(상첨) | 湘尖 | 흑차 |
| 침주벽운 | 郴州碧雲 | 녹차 |
| 흑전차 | 黑磚茶 | 흑차 |
| 영롱차 | 玲瓏茶 | 녹차 |
| 관장모첨 | 官庄毛尖 | 녹차 |
| 황죽백호 | 黃竹白毫 | 녹차 |

## 산동성
山東省

| 종류 | 한문 | 분류 |
|---|---|---|
| 일조설청 | 雪青 | 녹차 |
| 해청모봉 | 海青毛峯 | 녹차 |
| 부래청 | 浮來青 | 녹차 |

## 호북성
湖北省

| 종류 | 한문 | 분류 |
|---|---|---|
| 송봉차 | 松峰茶 | 녹차 |
| 용중차 | 隆中茶 | 녹차 |
| 은시옥로 | 恩施玉露 | 녹차 |
| 의흥공부홍차 | 宜紅工夫紅茶 | 홍차 |
| 죽계모봉 | 竹溪毛峯 | 녹차 |
| 협주벽봉 | 峽州碧峰 | 녹차 |
| 노청전 | 老青磚 | 흑차 |
| 선인장차 | 仙人掌茶 | 녹차 |
| 등촌운무 | 鄧村雲霧 | 녹차 |
| 천당운무 | 天堂雲霧 | 녹차 |
| 선은공차 | 宣恩貢茶 | 녹차 |
| 원안녹원 | 遠安鹿苑 | 녹차 |

## 대만
臺灣

| 종류 | 한문 | 분류 |
|---|---|---|
| 고산오룡 | 高山烏龍 | 청차 |
| 문산포종차 | 文山包鍾茶 | 청차 |
| 백호오룡 | 白毫烏龍 | 청차 |
| 금훤 | 金萱 | 청차 |
| 동정오룡 | 凍頂烏龍 | 청차 |
| 목책철관음 | 木柵鐵觀音 | 청차 |
| 대우령 | 大禹嶺 | 청차 |
| 일월담홍차 | 日月潭紅茶 | 홍차 |
| 학강홍차 | 鶴岡紅茶 | 홍차 |

# 참고문헌

진종무, 주편(陳宗懋, 主編). 「중국다경(中國茶經)」 4쇄. 上海文化出版社, 2004.
진종무, 주편(陳宗懋, 主編). 「중국차엽대사전(中國茶葉大辭典)」. 上海文化出版社, 2000.
왕택농(王澤農) 외. 「중국농업백과사전(中國農業百科全書)」. 北京農業出版社, 1988.
서해영(徐海榮), 주편(主編). 「중국차사대전(中國茶事大典)」. 華夏出版社, 2000.
조대염(趙大炎). 「만화무이차문화(漫話武夷茶文化)」. 建陽市第三印刷廠, 2000.
이대춘, 주편(李大椿, 主編). 「서호용정차(西湖龍井茶)」. 浙江科學技術出版社出版, 1992.
황백재(黃柏梓). 「중국봉황차(中國鳳凰茶)」. 鳳凰茶葉專業協會編印, 2003.
임세욱(林世煜). 「대만차(台灣茶)」. 猫頭鷹出版, 2001.
설운봉(薛雲峰). 「백호오룡(白毫烏龍)」. 宇河文化出版, 2003.
주홍걸, 주편(周紅杰, 主編). 「운남보이차(云南普洱茶)」. 云南科技出版社, 2004.
한기루, 하준위(韓其樓, 夏俊偉). 「중국자사명호진상(中國紫砂茗壺珍賞)」 2쇄. 上海科學技術出版
  社, 2004.
송백윤(宋伯胤). 「자사원학보(紫砂苑學步)」. 盈記唐人工藝出版社, 1998.
서수당(徐秀棠). 「중국자사(中國紫砂)」 5쇄. 上海古籍出版社, 2005.
포건남(鮑建南). 「호론(壺論)」. 中國文聯出版社, 2004.
김경우(金鏡祐). 「중국차의 이해」. 월간다도, 2005.
工藤佳治. 「中國茶圖鑑」. 文藝春秋, 平成13년.
株式會社講談社 エディトリアル 編集. 「ティ-＆コ-ヒ-大圖鑑」. 講談社, 2006.
김영숙. 「中國의 茶와 藝」. 차의 세계, 2006
이소붙이 다케시 지음. 강승희 옮김. 「홍차의 세계사 그림으로 읽다」. 글항아리, 2006.
예한쫑. 황바이즈 지음. 김혜숙 옮김. 「봉황단총」. 티웰, 2011.

# 찾아보기

### 숫자

43호용정·················· 84

### ㄱ

감숙성·················· 10
강남차구·············· 10, 12
강북차구·············· 10, 12
강산녹모란············· 20
강산시지(江山市志)······ 20
강서성·················· 10
강원훈(江元勳)········ 275
개량종················ 144
개완················ 226, 230, 240, 243
개화용정··············· 22
거름망················ 229

경산모봉··············· 25
경산차·················· 24
경정록설················ 26
경창호················ 308
계평서산차············· 28
계화향················ 161
고교은봉················ 30
고대보이차············ 310
고소배················ 265
고장모첨··············· 32
고저산·················· 33
고저자순················ 33
고차수·············· 53, 54, 55, 290
곡우춘·················· 25
공미··················· 129
공부홍차·············· 279
공예차·················· 13
공차·················· 20, 26

찾아보기 · 351

공첨·················· 206, 220
과립형················ 16
곽산·················· 88
곽산황대차············ 196
곽산황아·············· 198, 314
관목형················ 10
관장모첨·············· 77
광동성················ 10
교니장식·············· 264
국사보················ 46
국제무아차회·········· 330
군산은침·············· 200
군체(群體)············ 84
권곡형················ 16
귀주성················ 10
근대보이차············ 312
근문기류·············· 260
금산취아·············· 34
금상천화·············· 69
금양옥················ 200
금준미················ 182
금채·················· 88
금화균················ 210
금황색················ 96
기리효과·············· 257
기문공부홍차·········· 183
기문홍차·············· 183, 278, 279
기반석서산차·········· 28
긴압차(緊壓茶)········ 13, 52, 102, 178, 300,
　　　　　　　　　　　312, 319

길상여의·············· 66

## ㄴ

난꽃향················ 58, 59
난화형················ 16
남경우화대············ 36
남경우화차············ 36
남인·················· 308
노죽대방·············· 38
노죽대방화차·········· 39
녹곡향(鹿谷鄉)········ 136
녹공향················ 136
녹니·················· 256
녹명·················· 20
녹색금자·············· 41
녹인·················· 308
녹차·················· 18
눈녹명량·············· 20
눈녹명량(嫩錄明亮)···· 20

## ㄷ

다루·················· 229
다반·················· 234
다선·················· 234, 235
다예사················ 318
다예표연·············· 334

다하 … 228
다해 … 234
다해(茶海) … 246
다협 … 229
단계표향 … 66
단차(團茶) … 102, 106
단차폐지칙명 … 253
단총(單欉) … 154
대두휘자 … 162
대만 … 11, 132, 136, 140, 150, 330
대수차(大樹茶) … 186
대엽종 … 52
대오엽단총 … 159
대우령 … 132
대지차원 … 96
대홍포 … 134, 298, 299, 328, 329
도균모첨 … 42
동경호 … 308
동목소종 … 192
동방미인 … 150
동정벽라춘 … 49
동정산 … 49
동정오룡 … 136
두기차창(斗記茶廠) … 186
둔계녹차 … 41
둔록 … 41, 80

## ㄹ

라형 … 17
랍로화(拉爐火) … 292

## ㅁ

만자천홍 … 69
말리선녀 … 65
말리용주 … 44
말리홍청 … 45
말리화차 … 45, 270, 271, 272
명전차 … 15
명차비평회 … 42
명화 … 138
모외 … 138
모해 … 138
목책철관음 … 140
몽정감로 … 46
몽정차 … 46
몽정황아 … 202
무석호차 … 15, 48
무이수선 … 142
무이암차 … 134, 164, 174, 176
무이육계 … 298
문산포종차 … 144
문향배 … 236, 237, 248
물끓이는기구 … 227
미차 … 15, 41
민북수선 … 142

밀란향·················· 160

## ㅂ

반발효·················· 142
반천요·················· 146
발효···················· 13
방비일식················ 259
방중우원················ 259
방호류·················· 259
백계관·················· 148
백량차·················· 218
백량차(百兩茶)··········· 284, 285
백모란·················· 68  124
백사계(白沙溪)··········· 218, 320, 321
백차···················· 13, 122
백호(白毫)··············· 46, 108, 120
백호오룡················ 150
백호은침················ 15, 126, 129
백호후(白毫猴)··········· 127
백화선자················ 69
범택봉(範澤鋒)··········· 343
법랑채(琺瑯彩)··········· 264
법흠선사················ 24
벽라춘·················· 15, 17, 49, 51, 326, 327
벽봉차·················· 103
병차···················· 33
보이생차(병차)··········· 52, 53
보이생차(산차)··········· 54
보이숙차(병차)··········· 207
보이숙차(산차)··········· 208

보이차·················· 52, 308, 310
보이차(普洱茶)의 연대··· 308
보이차고················ 209
복건녹아················ 56
복건성·················· 10, 11
복전차·················· 210
복정대백종·············· 124, 126, 129
복홍(復烘)··············· 292, 294, 295
본산···················· 152
본초강목················ 76
봉호(鋒毫)··············· 104
봉황단총················ 154, 156, 157, 158, 159, 160, 161, 302, 340
봉황수선················ 154
빙차(氷茶)··············· 156, 324, 325

## ㅅ

사계춘고산차············ 162
사질토·················· 56
사천성·················· 10
산동성·················· 10
산성타차················ 102
삼색차(三色茶)··········· 178
삼선차·················· 302
삼홍칠록(三紅七綠)······· 134
상첨차·················· 212
서남차구················ 10, 12
서성난화················ 58

| | | | |
|---|---|---|---|
| 서호용정 | 15, 86 | 아미산 | 100 |
| 석순취아 | 60 | 아미죽엽청 | 100 |
| 선녀봉월 | 65 | 안계철관음 | 140, 168, 338 |
| 선성현지 | 26 | 안계황금계 | 170 |
| 선은공차 | 61 | 안길백차 | 72, 73 |
| 선하화룡 | 20 | 안길백편 | 72 |
| 섬서성 | 10 | 안탕모봉 | 74 |
| 소교목형 | 10 | 안화송침 | 75 |
| 소수평호류 | 262 | 암운(岩雲) | 148, 176 |
| 소종홍차 | 274, 275 | 야생교목형 | 218 |
| 송양은후 | 62, 63 | 양근방(楊勤芳) | 265 |
| 송침 | 90 | 양선홍차 | 184 |
| 쇄청녹차 | 13 | 양호(養壺) | 246, 266 |
| 수공예차 | 64, 68 | 에이사이 | 25 |
| 수금귀 | 17, 20, 164, 176 | 여산문무 | 76 |
| 수미 | 15, 129 | 영춘불수 | 172 |
| 수선백차 | 124 | 영춘향연 | 172 |
| 수창은후 | 62 | 오동촌 | 157 |
| 수창향차 | 62 | 오룡차긴압차 | 178 |
| 신양모첨 | 70 | 오자선호 | 78 |
| 실내위조 | 276, 277 | 오타금화 | 68 |
| 쌍경우전 | 25 | 온대지역 | 11 |
| 쌍정록 | 71 | 왕생제(王生娣) | 261 |
| 쌍정백아 | 30 | 왕순명(王順明) | 328, 329 |
| 씨줄무늬 | 260 | 용계화청 | 17 |
| | | 용정군체종 | 82 |
| | | 용정담 | 22 |
| ㅇ | | 용정차 | 17, 86, 286, 287 |
| | | 우전모첨 | 70 |
| 아리산오룡 | 166 | 우전차 | 15 |

| | | | |
|---|---|---|---|
| 운남고수홍차 | 186 | 자사호 | 230, 246, 248, 253~267 |
| 운남성 | 10 | 자아차 | 98 |
| 운남전홍 | 190 | 자양모첨 | 94 |
| 원성종(圓醒種) | 152 | 자양종 | 94 |
| 원호류 | 257 | 자연차 | 96 |
| 위조(萎凋) | 292, 296 | 자조차 | 98 |
| 유리그릇 | 232 | 작설 | 15 |
| 유천춘 | 28 | 장평수선 | 178 |
| 육계 | 174 | 재가공차 | 64 |
| 육보차 | 214, 215, 216, 217 | 재스민 | 45 |
| 육안과편 | 17, 88, 290, 292, 316 | 전방호(磚方壺) | 259 |
| 육안차 | 213 | 전홍공부 | 190 |
| 윤주 | 34 | 절강성 | 10 |
| 은시옥로 | 90 | 정곡대방 | 38 |
| 은침형 | 17 | 정산소종 | 192, 274, 275 |
| 은호(銀毫) | 92 | 정화대백종 | 124, 127, 129 |
| 음화(窨花) | 13, 44, 45, 272, 273 | 조형 | 16, 17 |
| 의흥홍차 | 184 | 조형 | 17 |
| 이채운 | 162 | 주원옥윤 | 257 |
| 일월담홍차 | 188 | 주차(珠茶) | 106 |
| 임제종 | 25 | 주형 | 17 |
| 임해반호 | 92 | 죽엽청 | 100 |
| 잎차 | 13 | 중경 | 10 |
| | | 중경타차 | 102 |
| | | 진강 | 34 |
| | | 진국량(陳國良) | 259 |

## ㅈ

| | | | |
|---|---|---|---|
| | | 진국장(陳國璋) | 300 |
| 자니 | 254 | 진년(陳年) | 342 |
| 자니호 | 260 | 진년차 | 342 |
| 자등려(紫藤廬) | 341 | | |

## ㅊ

차묘(茶苗) ············ 159
차생산량 ············ 12
차시 ············ 229
차운산모첨 ············ 104
차칙 ············ 228
차통 ············ 228
찻잔 ············ 234
채영장(蔡榮章) ············ 330
천강휘백 ············ 106
천량차(千兩茶) ············ 218, 280, 282, 283, 284
천목산 ············ 72
천첨 ············ 220
철관음 ············ 140, 170
철라한 ············ 176
청과 ············ 82
청전 ············ 222
청정설아 ············ 108
청차 ············ 130
청화백자 ············ 235
초홍(初烘) ············ 292, 293
춘색만원 ············ 69
취녹명량 ············ 25
침형 ············ 16

## ㅍ

태평후갱 ············ 108

태평후괴 ············ 108, 322, 323
태평후첨 ············ 113
팔지출 ············ 26
편평과편형 ············ 16
편평형 ············ 17
편형 ············ 17
포다법 ············ 250
포종차 ············ 144
풍경구역 ············ 36

## ㅎ

하남성 ············ 10
하살인향 ············ 49, 51
해남 ············ 11
향편 ············ 45
헌상차 ············ 32
헌상차(獻上茶) ············ 108
협주벽봉 ············ 103
호남공차 ············ 75
호남성 ············ 10
호북성 ············ 10
호비체(壺坯體) ············ 264
호접문(蝴蝶紋) ············ 264
호주자순 ············ 30, 33
홍농 ············ 214
홍니 ············ 255
홍배(烘焙) ············ 176, 328, 329
홍변선명 ············ 134

홍인 ·················· 308
홍차 ·················· 180
홍청 ·················· 45
홍청녹차 ············ 100
화교(客家)의 자본 ······ 306
화남차구 ············ 11, 12
화산은호 ············ 17, 114
화산취아 ············ 116
화소기류 ············ 263
화차 ·················· 13, 250
황금계 ··············· 170
황산녹모란 ········· 118
황산모봉 ············ 15, 120
황차 ·················· 13, 194
회조 ·················· 82
후발효(後醱酵) ······ 300, 312
후차 ·················· 74
휘과 ·················· 82
휘백차 ··············· 106
흑모차 ··············· 13
흑전차 ··············· 223
흑차 ·················· 204~223

# 중국의 차

2022년 09월 16일 초판 1쇄 인쇄 | 2022년 09월 23일 초판 1쇄 발행

**저자** 박홍관 | **발행인** 장진혁 | **발행처** (주)형설이엠제이
**주소** 서울시 마포구 월드컵북로 402 KGIT 상암센터 1212호 | **전화** (070) 4896-6052~3
**등록** 제2014-000262호 | **홈페이지** www.emj.co.kr | **e-mail** emj@emj.co.kr
**공급** 형설출판사

정가 32,000원

ⓒ 2022 박홍관 All Rights Reserved.

ISBN 979-11-91950-26-7 03570

* 본 도서는 저자와의 협의에 따라 인지는 붙이지 않습니다.
* 본 도서는 저작권법에 의해 보호를 받는 저작물이므로 동영상 제작 및 무단전재와 복제를 금합니다.
* 본 도서의 출판권은 ㈜형설이엠제이에 있으며, 사전 승인 없이 문서의 전체 또는 일부만을 발췌/인용하여 사용하거나 배포할 수 없습니다.

사진으로 보는
# 중국의 차